Jusqu'au bout du monde

Jusqu'au bout de sa passion

« Il est sur terre deux races d'hommes. La première – d'un nombre étouffant – se contente d'assouvir les besoins élémentaires de l'existence. Les préoccupations matérielles, les soucis familiaux bornent son champ. L'amour, parfois, y projette son ombre, mais strictement égoïste et ramené à l'échelle du reste.

L'autre race, quoique soumise au joug de la faim, du plaisir charnel et de la tendresse, porte plus loin et plus haut son ambition. Pour s'épanouir et simplement pour respirer, elle a besoin d'un climat plus beau, plus pur et spirituel. Il lui faut dénouer les limites ordinaires, exalter l'être au delà de lui-même, le soumettre à quelque grande force invisible et le hausser jusqu'à elle. La pauvreté de l'homme la blesse, la désespère. L'inaccessible seul l'attire comme le rachat et la victoire sur l'humaine condition. »

« Mermoz » Joseph Kessel

Alan Dub

Jusqu'au bout du monde
Jusqu'au bout de sa passion

***

Préface d'Alain de Chalvron, Grand reporter

Alan Dub est photographe indépendant. Autodidacte, il réalise ses reportages pour son propre compte. Passionné par le photojournalisme, il développe sa démarche photographique le plus souvent en Asie et en particulier en Birmanie, où il a réalisé différents reportages qui ont fait l'objet de conférences et d'expositions.
Il a été également photographe pour Habitat et Humanisme, une association française qui lutte contre le mal logement et l'insertion des personnes en difficulté.
Alan Dub a exposé ses reportages à Grenoble, Perpignan, Paris et Lyon.

* site web : www.alandub.fr

Préface

Alan Dub est amoureux de la Birmanie. Comme moi. Comme tout le monde. C'est un des plus beaux pays du monde avec un peuple à la gentillesse infinie, malgré le joug auquel il est soumis et une pauvreté révoltante. On y voit encore des charrues tirées par quatre hommes qui font office de bœufs.

Il y a là des merveilles absolues comme Bagan avec ses 2 000 pagodes et temples construits entre le IXème et XIIIème siècle, dont l'intérieur est peint à fresque dans des couleurs délicates. Un joyau sans pareil.

Plus au nord, une autre Bagan, plus petite, plus tardive (XVème siècle) et d'un tout autre style, Mrauk U, ne peut être rejointe qu'au terme d'un long et magnifique voyage en bateau. Autant dire qu'on ne s'y marche pas sur les pieds avec d'autres touristes. C'était la capitale, avec 120 000 habitants, d'un royaume puissant, l'Arakan entretenant des relations diplomatiques avec le monde entier.

On pourrait aussi parler du lac Inle, merveille naturelle menacée par la pollution, de la grande pagode de Rangoon de 100 mètres de haut, recouverte d'or ou du grand pont en teck de Mandalay...

Au delà de l'offre esthétique, la Birmanie fait rêver ou phantasmer. C'est son côté sulfureux qui ne peut pas laisser indifférent un journaliste **en herbe** comme Alan Dub. C'est le pays des armées privées, des trafiquants de drogues, des ethnies rebelles.

Il y avait un Khun Sa, surnommé le « Roi de l'Opium » ou le « Seigneur de la Mort ». Il était le plus gros trafiquant d'opium et d'héroïne du monde. Il était pratiquement souverain sur une grande partie de l'état Shan (territoire du peuple Shan, 6 millions de personnes, doté d'une certaine autonomie). Il disposait de deux armées privées : l'Armée Shan Unie et la Mong Tai Army. Il avait gagné cette position après avoir combattu l'état central de Rangoon et une armée privée rivale issue du Kuomintang, le parti de **Tchang Kaï-chek**, l'ancien chef nationaliste, adversaire de Mao pour la conquête du pouvoir en Chine.

Cette armée s'était réfugiée en Birmanie après sa défaite contre Mao. Composée à l'origine d'une dizaine de milliers de soldats fidèles au généralissime chinois, elle était devenue une bande de gangsters, trafiquants de drogue en cheville - pour faire simple - avec la CIA rivale de Khun Sa. Les Shan sont toujours, aujourd'hui, en guerre larvée contre l'armée birmane. Khun Sa est mort. L'armée perdue du Kuomintang erre et trafique toujours dans le coin, paraît-il, 70 ans après la défaite de **Tchang Kaï-chek**.

Les Karen représentent une autre ethnie en guerre contre le pouvoir central désormais installé dans une nouvelle capitale mégalomaniaque, **Naypyidaw**. « L'armée de Dieu » des Karen était à l'époque dirigée par deux frères jumeaux, enfants-soldats d'une dizaine d'années ! Deux gamins qui mènent une guerre de va-nu-pieds dans une jungle impénétrable au nom de Jésus, Marie et tous les saints contre une junte militaire bouddhiste superstitieuse et impitoyable ! On n'oserait même pas imaginer cela dans le plus fou des scénarios de Hollywood.

Outre ces personnages fascinants, cette mosaïque ethnique comprend des généraux cinglés, des moines bouddhistes racistes et un peuple au sourire résigné.

Elle a aussi engendré une femme extraordinaire, prix Nobel de la paix, au charme magnétique, vingt ans prisonnière dans sa maison du bord d'un lac de Rangoon.

Je comprends qu'Alan Dub ait été fasciné par cette icône des droits de l'homme. Car elle est fascinante, Aung San Suu Kyi. Elle a quelque chose d'hypnotique, derrière une apparente fragilité. Chacune de ses apparitions pendant la campagne électorale suscitait un enthousiasme qui allait bien au-delà de la politique. Elle était l'incarnation d'un peuple bafoué pendant des décennies. Rarement pouvait-on, dans l'histoire, voir une telle adéquation entre un peuple et un leader qui ne préconise pas la force, la haine ou la vengeance.

Et voilà que cette fascination, pour ne pas parler d'adoration, se fracasse sur ce qu'il faut bien appeler un génocide, celui des Rohingyas, peuple sans terre dont le tort est d'être musulman.

Que cette femme qui a tenu bon contre la violence pendant toutes ces années, devenue quasi premier ministre, ne se lève pas contre ce génocide, pire, qu'elle le défende, quelle déception !

Ce livre est l'histoire d'une fascination et c'est aussi le récit d'une volonté farouche d'aller jusqu'au bout de ses rêves.

Alain de Chalvron - Grand reporter

Entrée en matière

Photographe et grand voyageur, je parcours l'Asie depuis de très longues années.

Ces deux passions me permettent d'assouvir ma soif du photoreportage conjuguée à la découverte des fascinantes populations de cette région du monde, allant de l'Inde à tous les pays qui composent l'Asie du Sud-Est.

Parmi ceux-ci, la Birmanie est celui que j'aurai visité le plus souvent.

Entre 2011 et 2017, pas moins de six voyages m'ont permis de sillonner de part en part ce vaste pays, d'en découvrir les multiples facettes et d'y réaliser plusieurs reportages photographiques.

Mon intérêt et mon attrait pour la Birmanie ne sont pas récents. C'est lors de l'attribution du prix Nobel de la Paix à Aung San Suu Kyi en 1991 que je me suis attaché à l'histoire dramatique de ce pays, dirigé par une dictature militaire depuis 1962, et que j'en ai suivi toutes les étapes, la plupart du temps tragiques.

C'est au début de l'année 2012 que mon histoire commence.

Après un premier voyage fascinant effectué un an plus tôt au Myanmar, nom attribué par la junte militaire en 2010 pour désigner la Birmanie, je décidai d'entrer en contact avec une association dénommée « France Aung San Suu Kyi » dont l'objectif consistait à relayer et soutenir en France le combat d'Aung San Suu Kyi (leader charismatique de l'opposition birmane). J'avais découvert cette association lors de recherches sur Internet, car elle semblait correspondre à un projet que je préparais depuis quelques mois.

J'avais en effet imaginé de proposer à la Dame de Rangoon de la photographier dans sa fameuse résidence, au 54 rue de l'Université, afin d'illustrer par la photographie les liens forts qui unissent Aung San Suu Kyi à cette maison, témoin d'événements, de décisions et de moments importants, tant dans la vie de la leader birmane que dans l'histoire politique du pays.

Pierre et son association étaient donc pour moi le meilleur vecteur pour réaliser mon projet et je voulais savoir si et comment son association pouvait m'aider à rencontrer Aung San Suu Kyi.

Journaliste, écrivain, humaniste et militant, Pierre avait créé en 2009 cette association dont il était le président. L'homme était présent sur toutes les batailles, de la défense du Tibet libre au soutien des sans-abri à Paris. Il était animé d'une foi inébranlable, une foi de combattant.

Pour le trouver, il suffisait de battre le pavé de Paris, au moment d'un rassemblement ou d'une manifestation pour les droits de l'homme par exemple et Pierre n'était jamais bien loin. Il était adepte de la non-violence et nous partagions la même admiration pour Mandela, Gandhi et bien sûr Aung San Suu Kyi.

Après de longs mois d'échanges épistolaires, je rencontrai enfin Pierre à Paris, dans le quartier de Saint Lazare, par une froide journée de novembre de l'année 2012. Assis au fond de la salle d'un vieux bistrot parisien, l'homme vêtu d'une veste de cuir noir semblait absorbé par la lecture d'un journal, un café fumant posé sur la table. Lorsqu'il m'aperçut, son regard s'alluma derrière ses lunettes rondes, il se leva et nous nous serrâmes la main avec plaisir. Comme il l'écrivait souvent dans ses chroniques, « partager c'est déjà agir » et c'est ce que nous fîmes. La Birmanie était au cœur de nos échanges animés, les supputations sur l'avenir du pays, le rôle d'Aung San Suu Kyi, l'espoir d'une démocratie à venir....

Je lui racontais ma passion pour ce pays, celui de Somerset Maugham, de Kessel, de Kipling, et bien sûr d'Aung San Suu Kyi. Je narrais mon premier voyage en Birmanie en 2011, la découverte, l'émerveillement devant ses pagodes, ses temples, sa culture et l'incroyable gentillesse et bienveillance de ses habitants ; et surtout je lui indiquais ma volonté de retourner là-bas dès 2013 pour approfondir ma connaissance du pays et bien sûr réaliser ce fameux projet un peu particulier qui me tenait à cœur.

Il m'indiqua qu'Aung San Suu Kyi recevait de très nombreuses demandes, notamment de la part de journalistes du monde entier désirant réaliser des interviews, et qu'à raison d'environ 400 sollicitations par an, la rencontrer ne serait pas si simple.

Une manière implicite de me faire comprendre toute la difficulté, voire l'impossibilité de monter un tel projet qui, disons-le tout net, était en fait irréaliste.

Evidemment, il avait vu juste et je n'aurai jamais de réponse à la lettre que nous avions adressée à Rangoon, même sous le sceau de l'association. Mais je fus reconnaissant de l'aide que Pierre m'apporta et nous devînmes rapidement plus proches.

Plusieurs mois s'écoulèrent avant que je ne le rencontre à nouveau à Paris. Mon second voyage en Birmanie approchait à grands pas et les préparatifs allaient bon train.

Au cœur de l'été parisien, nous nous étions retrouvés à la terrasse d'un café, dans le quartier du Trocadéro, pour que je lui fasse part des nouveaux lieux que je comptais découvrir.

C'est alors que Pierre me demanda si j'étais d'accord pour l'aider à communiquer sur le site de son association, en réalisant, pendant mon séjour, un petit reportage sur des militants de la NLD (National League for Democracy - le parti d'Aung San Suu Kyi) dans deux villes, Mandalay et Rangoon.

L'objectif consistait à recueillir leur avis sur l'avenir politique du pays, tout en effectuant une série de portraits photographiques.

Cela tombait à point nommé puisque j'avais prévu de demeurer quelques jours dans chacune de ces deux cités et sa proposition rendait mon voyage encore plus captivant, le métier de reporter m'ayant toujours fait rêver.

J'acceptais donc avec plaisir son offre.

Une rencontre prémonitoire

En ce mois d'octobre 2013, j'étais à nouveau au pays aux mille pagodes. Depuis Bangkok, j'avais rejoint la deuxième plus grande ville de Birmanie, Mandalay. J'avais prévu de réaliser mon premier reportage durant les quatre jours à passer dans cette ville que j'avais déjà parcourue en 2011.

Malgré des difficultés à trouver l'adresse de la section locale de la NLD, nichée dans une rue peu fréquentée de Mandalay, j'arrivais enfin à entrer en contact avec le responsable de la section, muni de la lettre de recommandation que nous avions élaborée avec Pierre. L'homme semblait heureux qu'un étranger s'intéresse à la vie politique birmane. Il proposa à quelques membres du parti de se joindre à nous et nous pûmes échanger à bâtons rompus sur l'avenir de leur pays.

Cette première discussion me permit de prendre le pouls de la situation et de comprendre que mes interlocuteurs s'inquiétaient beaucoup de l'attitude des militaires. Ces derniers allaient-ils enfin approuver la tenue d'élections libres ? Quand ? Et surtout accepteraient-ils de modifier la Constitution actuelle, condition impérative pour que la démocratie s'exprime enfin dans ce pays verrouillé par la dictature ?

Dix jours plus tard, je me retrouvais à Rangoon, au siège officiel du parti d'Aung San Suu Kyi, afin de savoir si les premières impressions recueillies à Mandalay se confirmaient ou pas. C'est à ce moment là que je découvris que l'association était, en fait, totalement méconnue au sein du bureau officiel de la NLD. Seul son nom, France Aung San Suu Kyi, me permit de pousser les portes du parti.

U La Minh fut le premier à me recevoir. Responsable administratif du siège, il m'ouvrit les portes de la NLD en m'expliquant le fonctionnement du parti, tout en acceptant de répondre à quelques questions et de se faire prendre en photo. Mais surtout il m'invita à revenir deux jours plus tard, car un membre éminent du parti serait présent dans les bureaux du siège et, selon ses disponibilités, je pourrais peut-être l'interviewer.

C'est ainsi qu'en ce dernier jour d'octobre 2013, je me rendis à nouveau au siège du parti et j'y fis une rencontre incroyable.

La jeune militante chargée de la mise en relation avec mon nouvel interlocuteur me fit comprendre que cette interview avait un caractère exceptionnel et que, de ce fait, elle ne m'octroyait que cinq minutes maximum pour poser trois questions et prendre quelques photos. Lorsqu'elle m'invita à la suivre pour gravir les marches de l'escalier qui menait au premier étage, je mesurais la chance que j'avais, puisque ce lieu était absolument interdit à tout étranger. Avant de pénétrer dans la pièce qui abritait mon contact, ma « gardienne » me précisa qu'elle serait juste derrière la porte pour intervenir à tout moment. Toute cette mise en scène m'intriguait au plus haut point.

Dès qu'elle ouvrit la porte, la femme s'effaça et me laissa entrer. Face à moi, au fond d'une pièce mal éclairée, avec pour seuls meubles, un bureau et quelques vieilles chaises, un vieil homme calé dans un fauteuil fatigué me regarda et sourit. Trop usé par les ans, il ne se leva pas et je m'approchai pour le saluer avec toute la déférence dont il fallait probablement faire preuve.

L'échange dura en réalité 20 minutes, au désespoir de la jeune femme chargée du chronomètre qui faisait les cent pas dans le couloir. L'homme avait envie de parler, de la politique, de son pays. Malheureusement son anglais n'était pas facile à suivre et je peinais parfois à le comprendre.

En tous les cas, la Constitution birmane était clairement au cœur de ses réflexions car, pour lui, seul un changement de la loi fondamentale pouvait permettre l'avènement d'une démocratie réelle. C'était clairement son combat, alors que les militaires s'étaient taillé une Constitution sur mesure. De son rôle exact durant ces longues années de militantisme, je n'eus que peu d'information.

Une chose semblait évidente : l'homme qui me faisait face avait un rôle très important dans le dispositif de la NLD. Mais lequel et qui était-il vraiment ? Avant de remercier mon hôte, je pus faire quelques clichés du personnage et même me prendre en photo à ses côtés.

Une fois sorti, je demandais à ma « gardienne » de m'écrire le nom de mon interlocuteur. De retour dans ma chambre d'hôtel, je me précipitais immédiatement sur Internet pour savoir qui donc était cet homme si respecté et si protégé. Je découvrais alors médusé que je venais d'interviewer et de photographier le numéro deux de la NLD, U Tin Oo.

A la lecture de son histoire, un frisson me parcourut l'échine. U Tin Oo était un ancien général birman, militaire de carrière, nommé commandant en chef des forces armées birmanes et ministre de la défense en 1974, à l'époque de la dictature de Ne Win. Evincé de l'armée, accusé de corruption, condamné aux travaux forcés, il fit plusieurs séjours en prison et au total passa plus de douze années de sa vie en détention. Activiste pro-démocratique, U Tin Oo est devenu le symbole de la résistance et l'un des membres fondateur et dirigeant de la Ligue Nationale pour la Démocratie en 1988. Compagnon fidèle d'Aung San Suu Kyi, il a été de tous les combats et a échappé avec elle en 2003 à l'attaque d'un groupe de soutien à la junte qui massacra au moins 70 partisans de la NLD, un bilan jamais clairement établi.

Je venais donc de réaliser une série de portraits, dont celui d' U Tin Oo, qui allaient m'être utiles à un point que je n'imaginais pas encore.

Pour Pierre, cette courte mission fut une réussite, et fort des informations et photos fournies, il put communiquer sur son site web auprès de ses lecteurs.

Tout ceci augurait d'une collaboration prochaine, dès que les événements en Birmanie le justifieraient.

Les préparatifs

La nouvelle avait fait grand bruit. La tenue d'élections « libres » venait d'être annoncée par le gouvernement birman actuel, des ex-militaires ayant troqué leurs habits de médailles contre des tenues civiles, moins voyantes. Un subterfuge qui ne trompait aucun Birman, après 50 ans de dictature.

J'attendais ce moment depuis si longtemps, mais la surprise était tout de même de taille. Les dernières élections qui avaient eu lieu dans ce pays remontaient au 7 novembre 2010 et n'étaient qu'une vaste mascarade dénoncée par l'ONU, les Etats-Unis, l'Union Européenne et bien sûr l'opposition birmane qui avait refusé d'y participer. L'USDP - le parti de l'union, de la solidarité et du développement crée par la junte - remporta 76,5% des sièges sur l'ensemble des trois parlements. Thein Sein, ancien militaire, fut élu Président de la République par un comité composé de parlementaires et de militaires. Une semaine après ces législatives fantoches, Aung San Suu Kyi était libérée.

Le dimanche 8 novembre 2015 était donc le D Day, le grand rendez-vous pour toute la population birmane, enfin celle qui pouvait voter, soit tout de même plus de 30 millions d'individus.

Pour moi, c'était évidemment l'événement à ne manquer sous aucun prétexte. Il fallait impérativement que je sois là-bas, au plus près de la population, que je participe d'une façon ou d'une autre à ce fait politique majeur. Alors sans plus réfléchir, très rapidement, je prenais la décision de partir. Je réglais les formalités d'usage : visa d'entrée, billets d'avion et réservation d'hôtel. Une réservation allant du 29 octobre au 10 novembre 2015.

Mais le plus sérieux restait à faire : comment couvrir cet événement exceptionnel, comment raconter ce que j'allais voir et photographier, vers qui me tourner ?

Au regard de la mission que j'avais réalisée deux ans plus tôt, je décidais de proposer à Pierre de se joindre à mon entreprise. Son association était pour moi le seul support sur lequel je pouvais m'appuyer. Je comptais l'aider bénévolement à communiquer sur ces élections, via les reportages que je réaliserais. Pierre accepta immédiatement.

Cette collaboration devait nous permettre d'identifier ensemble les différents types de sujets à couvrir, illustrant fidèlement les temps forts de la campagne électorale. Le mode opératoire retenu était le suivant : je réaliserais mes reportages photographiques, rédigerais les articles puis enverrais le tout à Pierre. Ce dernier se chargerait du rewriting, si nécessaire, et du choix des photos, avant la mise en ligne sur le site de son association.

Dernière brique du dispositif, il nous restait à construire ensemble la lettre de mission qui devait me faciliter l'accès à la NLD à Rangoon, même si je savais depuis mes premiers contacts en 2013 que l'association n'était pas du tout connue au sein du parti de l'opposition birmane. Satisfait du courrier que nous venions de rédiger, je le traduisis en anglais, avant que Pierre ne le mette à l'en-tête de l'association « France Aung San Suu Kyi ».

Les semaines de septembre, puis d'octobre, défilèrent sans que les contacts que j'espérais tant arrivent. Pierre n'avait en réalité aucun point d'entrée précis à me donner, hormis les coordonnées d'un moine bouddhiste installé à Rangoon, prêt à me rencontrer. La surprise était de taille, car je pensais qu'il allait pouvoir me faciliter la tâche sur ce plan. Les quelques sites Internet et pages Facebook qu'il m'indiqua ne furent en réalité d'aucune utilité.

La possibilité de monter des reportages au sein de la NLD dépendait implicitement du ou des contacts qui devaient me faciliter l'accès à ce parti, une fois arrivé à Rangoon. Etant quelqu'un d'assez organisé, aimant planifier pour être le plus efficace possible, je vivais assez mal cette situation. Au bout de quelque temps, j'en pris mon parti. Je devais donc me résoudre à chercher par moi-même.

Sans grand espoir, je tentais de m'adresser par mail à la NLD, via son site web, afin de faire connaître mes intentions. Comme je le pressentais, la série de messages envoyés resta sans réponse.

A force de pugnacité et de recherche sur le web, je réussis tout de même à dénicher le nom d'un jeune photojournaliste birman à Rangoon, en passant par son agence basée à Francfort. Celle-ci me donna aimablement son adresse mail et me permit d'entrer en contact avec lui, mais à deux jours de mon départ.

J'avais aussi obtenu l'adresse d'une agence de fixeurs à Rangoon par l'entremise d'une photojournaliste professionnelle. Je tentai de joindre cette agence, mais en vain une fois de plus.

Quand un photographe professionnel part à l'étranger sur le terrain, que ce soit en zone de conflit ou pour réaliser un reportage sur un sujet donné, il a le plus souvent un point d'entrée qui se nomme le fixeur. Les fixeurs sont des guides, des conseillers. Ce sont ceux qui défrichent le terrain, trouvent les bons interlocuteurs, les bons contacts, ils connaissent les codes du pays, endossent le rôle de traducteur. Bref ils facilitent au maximum le travail du photographe et/ou du reporter et lui font gagner un temps précieux.

Dans mon cas, le fixeur, eh bien ce serait moi ! Sur ce plan, cela ne me coûterait pas très cher.

En résumé, des photos de deux membres de la NLD, les coordonnées d'un moine et de ce jeune photojournaliste que je n'avais jamais rencontré, étaient donc les seules pistes dont je disposais. Aucun contact sûr et identifié ne m'attendait en réalité à Rangoon.

A ce stade, faire machine arrière était impossible, toute l'organisation de mon voyage était désormais arrêtée. Je n'avais donc aucune assurance de mener à bien mon projet qui devenait tout à coup fumeux. Une inquiétude palpable m'envahissait à quelques jours du départ.

Dans ce contexte, mon arrivée à Rangoon ne s'annonçait pas sous les meilleurs auspices.

Lyon, Dubaï, Bangkok puis enfin Rangoon, tel était mon plan de vol.

Arrivée prévue le 29 octobre.

Le contexte politique

Les élections législatives de novembre 2015 seront les premières élections générales organisées depuis la sortie de la dictature et les premières élections libres depuis des décennies. 32 millions d'électeurs « admissibles » sont recensés sur une population de 52 millions de personnes. Plus de 40 000 bureaux de vote sont répartis sur tout le pays.

On votera pour la Chambre basse (Chambre des représentants) constituée de 440 membres, pour la Chambre haute (Chambre des nationalités) constituée de 224 membres et enfin pour les 14 parlements régionaux.

Seuls 75% des sièges du Parlement seront pourvus au suffrage universel direct car la Constitution de 2008 attribue obligatoirement 25% des sièges aux militaires. Le Président sera élu par le Parlement, quelques semaines plus tard.

Le gouvernement birman s'est engagé à organiser des élections justes et équitables et à en respecter l'issue. « Quel que soit le gagnant, je respecterai le résultat, s'il l'emporte de façon honnête », a déclaré le général Min Aung Hlaing, chef de l'armée birmane.

Malgré ces déclarations, le Parlement birman a déjà rejeté la réforme de la Constitution qui aurait réduit le poids de l'armée en son sein et qui aurait permis à Aung San Suu Kyi, si elle était élue, de briguer le poste de Présidente.

De surcroît, la mauvaise gestion des listes électorales et les modalités de scrutin très strictes pourraient exclure une frange de la population en droit de voter. Par ailleurs, les Birmans manquent d'informations et le vote s'annonce biaisé par les nombreuses restrictions concernant les campagnes électorales des partis politiques et les candidats.

Bien que la NLD soit donnée favorite du scrutin, beaucoup d'incertitudes planent au sujet des intentions de vote de la population birmane.

Quant à l'armée, une grande perplexité pèse sur son rôle durant ces élections. Les alarmistes s'inquiètent. L'Amérique recommande d'ailleurs à ses ressortissants d'éviter la Birmanie durant cette période. Enfin des observateurs internationaux vont être dépêchés sur place pour veiller au bon déroulé du scrutin.

Voilà toutes les informations que j'ai en ma possession avant de fouler le sol birman.

En vol

L'avion de la Bangkok Air amorce une descente lente et agréable sur Rangoon.

Pas de turbulences, pas de secousses. Confortablement installé dans mon siège, je regarde le ciel constellé de nuages d'un blanc immaculé, épais et larges, laissant quelques tâches bleues se glisser ici et là. Tel un slalomeur, l'avion trace des courbes avec élégance pour se frayer son chemin entre ces gros cumulonimbus.

Derrière mon siège, un Birman, visiblement heureux d'apercevoir enfin les premières terres de son pays, accompagne d'une voix suave la musique thaï enveloppante diffusée sur les hauts parleurs de l'avion. Sa voix paisible et douce me berce, douce comme de la soie, me dis-je en reprenant le slogan commercial de la compagnie concurrente, Thaï Airways, « as Smooth as Silk. »

Désormais les nuages tirent leur révérence pour laisser place au magnifique paysage birman qui éclate au grand jour.

A quelques encablures de Rangoon, une large plaine quadrillée de parcelles d'un vert tendre à souhait et aux formes variées remplit le cadre. Sous nos pieds, telles des flèches d'or, des stupas semblent posés là volontairement au milieu de ce vert enivrant pour composer un tableau unique, beau, intense, où l'or constelle le grand tapis vert dans lequel on voudrait se lover.

Je me sens comme en apesanteur devant ces paysages

envoûtants.

Entre la voix apaisante de cet homme qui poursuit son chant lointain et m'emporte, et ce paysage tellement serein, je vois comme un signe. Ce voyage va être intense et absolument unique, comme ce que je vis à l'instant. Je le ressens, je le pressens !

Et comme si tous ces éléments se réunissaient pour s'intégrer à l'unisson à une partition unique, l'avion lui aussi apporte sa contribution en posant ses roues avec une délicatesse infinie sur le sol birman.

L'aventure peut donc commencer.

Les premiers pas

Jeudi 29 octobre 2015.

Aéroport de Rangoon. L'avion vient de couper ses moteurs et les premiers passagers sortent de la carlingue. Du haut de la passerelle, je me laisse happer par l'air chaud et humide, si caractéristique de l'Asie du Sud-Est. Je profite de ces quelques secondes pour savourer ces premières bouffées de chaleur qui enveloppent mon visage et mon corps tout entier. J'aime cela. J'aime cette sensation, cette pénétration presque physique qui m'emporte et ne me laisse plus aucun doute sur le continent qui m'accueille.

Sur le tarmac, un vieux bus dont le moteur ronronne bruyamment attend sagement les passagers avant de les engloutir un par un. Autour du bâtiment d'origine, décrépi et usé jusqu'à la corde, le gouvernement a enfin pris la décision d'agrandir l'aérogare principal et deux énormes édifices en construction entourent désormais la vieille structure centrale. Le tourisme est en plein essor depuis quelques années en Birmanie et l'aéroport actuel n'est plus taillé pour absorber le flux croissant de touristes.

Est-ce que cet aéroport de campagne va disparaître demain après de bons et loyaux services ? J'ai toujours eu une certaine nostalgie pour ces lieux fatigués, témoins d'une époque où l'aviation commerciale et le tourisme étaient encore balbutiants.

Le passage au contrôle douanier est rapide et me voilà à l'extérieur de l'aérogare.

Mon sac de voyage est léger et le chauffeur de taxi n'a aucun mal à l'introduire au fond de son coffre exigu. Plus conséquent est mon sac photo ! Deux boîtiers reflex et quatre objectifs, sans compter tous les accessoires annexes indispensables, font que mon bagage photographique dépasse en poids son voisin qui repose dans le ventre de la petite voiture.

La route qui mène de l'aéroport à Rangoon m'est désormais familière. Seuls quelques nouveaux immeubles et magasins sont sortis de terre depuis mon dernier passage, rien de plus.

Ici on roule à droite et la conduite des véhicules est aussi à droite ! Une des bizarreries imposées par le général dictateur paranoïaque et superstitieux Ne Win, qui avait donné l'ordre à tous les Birmans de ne plus rouler à gauche mais à droite...du jour au lendemain.

A bord de cette voiture de marque japonaise, la discussion avec mon chauffeur s'engage. Il parle en effet un anglais compréhensible, ce qui n'est pas si fréquent ici. Une fois les présentations faites, je lui expose les raisons de ma présence sur le sol birman. Immédiatement, la conversation glisse sur le terrain politique et l'homme ne cache pas ses opinions ; il affiche clairement son soutien à Aung San Suu Kyi et souhaite ardemment la victoire de son parti.

Durant nos échanges, je lui demande s'il y a des tensions actuellement dans le pays ; je ne peux en effet m'empêcher de penser que, dans cette période cruciale, les militaires doivent être sur les dents. Manifestement, il ne semble pas craindre la réaction des militaires, mais plutôt celle des communautés, notamment les bouddhistes extrémistes et les musulmans. En effet, depuis quelques années un moine bouddhiste du nom de Wirathu, qui s'est auto-surnommé le Ben Laden birman, crée des tensions et génère des violences par ses propos incendiaires vis à vis de la communauté musulmane et en particulier en direction des Rohingyas, ethnie opprimée et sans réelle patrie. La parole des moines est très respectée en Birmanie et certains bouddhistes suivent et croient en la parole de ce Wirathu qui attise les haines.

Mais mon chauffeur précise que ces risques ne concernent pas Rangoon qui devrait être à l'abri d'éventuelles frictions.

Nous sommes désormais dans le centre de la ville et la circulation se densifie. L'homme m'inspire confiance ; je lui fais part de mon projet de couvrir plusieurs bureaux de vote le jour J, pour lequel j'aurai peut-être besoin d'un véhicule (ce qui en fait ne sera pas nécessaire). Il est d'accord pour me servir de guide et de chauffeur le dimanche 8 novembre une fois qu'il aura voté, mais « ce sera avec ma propre voiture, » me précise t-il.

- « Voici ma carte et mes coordonnées, appelez-moi et je viendrai, ce sera 6 000 kyats de l'heure. » Je fais vite la conversion. Cette somme dérisoire équivaut à 4 euros.

En me déposant au pied de l'hôtel, l'homme conclut avec malice : « Dimanche 8 novembre, j'ai un rendez-vous important que je ne voudrais manquer pour rien au monde, car les militaires doivent maintenant partir, il est temps ! »

Je me doutais que la parole des Birmans allait se libérer un peu durant la campagne des législatives, mais entendre de tels propos, passibles de prison il y a encore quelques mois, est une réelle surprise ! Suis-je tombé sur un cas unique ? Mon impatience et ma curiosité viennent de s'aiguiser en un instant. Une fois le taxi réglé, je m'engouffre dans le hall du Grand United Hotel. Situé downtown, dans le quartier populaire et animé de Chinatown, cet hôtel se trouve au cœur de Rangoon, là où la ville vibre, où toutes les communautés, ethnies, religions se mêlent et s'entremêlent en toute quiétude, dans un patchwork bruyant et coloré.

Le Grand United Hotel sera mon camp de base durant tout le séjour.

Une arrivée en fanfare

Vendredi 30 octobre 2015.

Après quelques heures d'un sommeil agité et l'esprit encore embrumé par un décalage horaire de 5h30, je glisse mes premiers pas sur les trottoirs de la ville, encombrés de petites échoppes, de vendeurs en tout genre, de restaurants improvisés, où les odeurs les plus puissantes semblent toutes aussi entêtantes que les klaxons répétés des taxis obstruant la grande artère qui longe le fleuve Yangon.

J'adore cette immersion urbaine asiatique. La ville me prend physiquement, elle m'impose son rythme, ses odeurs, ses cris, sa marque et je m'y plonge avec délectation.

Mais je dois maintenant passer aux aspects pratiques du séjour. Direction le bas de l'avenue, vers la belle pagode Sule, point de repère couvert d'or qui illumine cette partie de Rangoon. C'est dans ce secteur que l'on trouve de grandes banques. Je change mes dollars en kyats, la monnaie birmane, puis j'achète une carte SIM locale pour la loger dans mon téléphone mobile. Un acte essentiel avant d'entrer dans le feu de l'action et de pouvoir appeler mes contacts locaux, enfin dans l'hypothèse où j'aurai des personnes à contacter, car pour le moment mon répertoire téléphonique est désespérément vide.

La monnaie birmane ne vaut rien par rapport au dollar et mon sac déborde de billets. Avec ce magot, tel un braqueur de banque, je remonte prestement l'avenue bruyante et animée pour déposer le trésor à mon hôtel.

La chaleur est déjà pesante. Des gouttes de sueur glissent en vagues ininterrompues dans mon dos.

Un passage furtif dans la chambre et me voilà à nouveau dehors, enfin délesté de mes billets, mais cette fois-ci armé de mes deux boîtiers reflex, chacun muni de son objectif, prêt à dégainer au moindre événement !

Et, eurêka, la chance me sourit, à quelques mètres de là. Je tombe en effet nez à nez avec un grand bus rouge à étage. Campagne de la NLD dans les rues de Rangoon. Ambiance colorée et musicale, autocollants, tee-shirts rouges aux couleurs du parti, le décor est planté. De jeunes et moins jeunes militants cernent le bus et diffusent tracts et messages à la population, ravie de participer à cette campagne politique, événement tellement nouveau dans ce pays qui a connu une dictature militaire longue et féroce.

Je sors immédiatement mes "colts" pour commencer mon premier reportage photo. Je virevolte, tourne, multiplie les angles de prise de vue autour des militants, des sympathisants ou de simples passants qui me font parfois un signe amical, semblant ravis de la présence d'un étranger.

Pendant près de deux heures, j'accompagne cette joyeuse escadre qui déambule lentement dans les rues de la ville, s'arrêtant tous les 20 mètres pour reprendre un ballet incessant de discussions et d'échanges, de distribution de tracts, de chants et de discours lancés via un mégaphone depuis la plateforme de l'autobus.

L'adhésion de la population à la NLD et sa volonté de participer aux élections du 8 novembre m'apparaissent comme une évidence.

Dans ce quartier populaire de Rangoon, le parti au pouvoir

est totalement ignoré. Inutile d'y faire campagne, car le fiasco semble garanti. A l'exemple de ce véhicule vert aux couleurs du parti de Thein Sein - l'USDP - qui passe à vive allure devant moi, avant de s'arrêter une rue plus loin, espérant rallier quelques habitants oubliés par la NLD.

En vain ! Les 3 militants juchés sur leur pick-up, dépités, ne peuvent que constater le total désintérêt des Birmans pour leur cause. Une information de plus.

Premiers contacts

Samedi 31 octobre 2015.

Cette fois-ci, la conversation avec mon chauffeur de taxi manque de relief ! Elle se réduit à montrer un plan, tenter désespérément quelques explications basiques en anglais pour lui expliquer que je dois me rendre au QG de la NLD, situé un peu plus au nord de la ville.

Mais l'homme ne connaît pas le chemin. Il roule, s'arrête pour demander sa route, repart puis s'immobilise à nouveau. Le type est complètement perdu dans Rangoon. Après trois tentatives infructueuses, je décide de prendre les choses en main. Je demande à mon chauffeur de stopper la voiture et je hèle depuis la fenêtre du taxi un jeune Birman habillé à l'occidentale qui passait par là.

Le jeune homme comprend et parle l'anglais. Ouf ! Il explique immédiatement à mon chauffeur le chemin à suivre. Quelques instants plus tard, le véhicule redémarre et le visage de mon pilote affiche désormais apaisement et confiance. Après vingt minutes de trajet, le taxi me dépose enfin devant le bâtiment du parti.

Attenant au local historique, un immeuble en construction abritera dans quelques mois les nouveaux locaux du parti. En attendant, tout est en travaux. Je reconnais à peine le rez-de-chaussée. Je m'enfonce dans la longue pièce principale. Face à moi, tout au fond du local, une militante accoudée à un vieux bureau en bois discute avec une autre femme. Je les interromps tout en m'excusant. Mes propos en anglais ne semblent pas les atteindre, car les deux femmes comprennent très mal la langue de Shakespeare.

Je demande à voir l'administrateur, U La Minh, l'homme de la première photo, rencontré en 2013 lorsque j'effectuais ce fameux premier reportage sur les militants de la NLD. L'une des deux femmes, un peu perdue, appelle à l'aide une autre militante, mais qui en réalité ne parle pas plus l'anglais que sa collègue. Elles tentent toutes de m'aider avec leur bonne volonté ; nous esquissons divers échanges plutôt approximatifs et quelques sourires convenus.

De très longues minutes s'écoulent sans que je puisse savoir si ma demande est comprise.
Soudain la nouvelle tombe ! U La Minh est absent pour 15 jours. Il est quelque part dans le pays, c'est tout ce que je comprends du message. Inutile de poursuivre les échanges pour connaître les raisons de cette absence, étonnante en ces jours cruciaux pour le pays, me dis-je déçu !

Ma première munition, ma première carte maîtresse vient donc de s'effondrer instantanément et je ne sais pas si mes interlocutrices lisent la stupeur sur mon visage, mais en tous les cas, intérieurement, je chancèle. Il n'était en effet pas imaginable pour moi que l'administrateur ne soit pas au siège du parti, à un tel moment politique.

Il faut que je me reprenne et vite. Je tente mon va-tout. Je vais demander à rencontrer U Tin Oo, persuadé en mon for intérieur de me voir opposer un refus net qui va clore définitivement mon passage au siège du parti et stopper illico mon programme, aussi vite qu'un retour Rangoon-Bangkok en avion. Sans un contact officiel à la NLD, mon beau projet tombe à l'eau. En effet, comment connaître le calendrier de la campagne, les temps forts, les contacts utiles sans un point d'entrée au sein de ce parti ?

Histoire de baisser encore un peu plus un moral déjà en berne, je me demande pourquoi, en pleine campagne électorale, à quelques jours du moment le plus important pour tous les Birmans, d'un changement politique majeur et radical où la NLD est aux portes du pouvoir, cet homme accepterait de perdre son temps à me voir !

Sous l'effet conjugué du stress et de la chaleur accablante qui règne à l'intérieur du local, que même les vieux ventilateurs d'un autre âge n'arrivent pas à apaiser, un léger vertige me prend.

Une autre femme vient se mêler au petit groupe ainsi créé et semble mieux comprendre mes propos. Je lui explique que je veux voir le numéro deux de la NLD, le compagnon fidèle d'Aung San Suu Kyi, U Tin Oo, et je sors le grand jeu :

- « Ecoutez, je connais bien U Tin Oo, je l'ai rencontré en 2013 lors d'une interview et puis j'ai des photos à lui donner, et puis je suis envoyé par une importante association française qui soutient Aung San Suu Kyi, et puis et puis.... », déroulant ainsi avec assurance une somme d'arguments un peu poussés, mais que j'espère convaincants.

En réalité, je déverse mes toutes dernières cartouches avant de rendre définitivement les armes si la réponse est négative.

Une fois mon discours enflammé terminé, je remets la fameuse lettre de mission aux couleurs de l'association « France Aung San Suu Kyi » à la militante qui s'éclipse promptement pour disparaître au fond de la grande pièce. Quelques longues minutes plus tard, elle revient et m'annonce triomphalement qu'U Tin Oo est d'accord pour me rencontrer !

Stupéfait et en même temps soulagé de voir que mes capacités de conviction et de persuasion ont eu raison de la situation, je lui demande :

- « Quand puis-je le voir ? Quel jour ? Quelle heure ? »

- « Maintenant, » me dit-elle d'un ton ferme. « Il est d'accord pour vous voir maintenant, » répète t-elle en souriant.

Je vacille à nouveau, mais cette fois-ci de satisfaction et je retrouve en une fraction de seconde ma foi et mon enthousiasme. Incroyable, voir U Tin Oo comme cela, aussi facilement, aussi vite et dans un tel contexte ! C'est inouï !

Instantanément, je repense au sentiment de confiance qui m'avait envahi lors de mon arrivée sur Rangoon, à ces instants délicieux où l'avion glissait paisiblement vers la terre tandis que je visualisais la réussite de mon projet.

Et si ce n'était pas qu'un rêve ?

La deuxième rencontre

Il est là, assis, marqué par l'âge, 89 ans, et semble très fatigué. L'homme que j'avais rencontré deux ans plus tôt s'est tassé. Son bureau étant en travaux, comme tout le bâtiment de la NLD, la petite pièce dans laquelle il me reçoit ne comporte aucune fenêtre et ressemble plus à un débarras qu'à un vrai bureau. Au milieu de cartons déposés en vrac sur le sol, il paraît un peu perdu.

En tous les cas, se retrouver à nouveau face à cette figure historique de la Birmanie est évidemment une grande chance et un honneur. Qu'il me reçoive en cette période est pour moi un vrai signe du destin.

L'homme me fait signe de m'asseoir. Dans un premier temps, je lui remets les deux photos grand format que j'avais soigneusement fait développer chez mon imprimeur, photos prises en 2013, témoignage de nos échanges. U Tin Oo me remercie discrètement.

Je lui tends ensuite ma feuille de mission, un peu fébrile. Il la parcourt lentement et dans un anglais toujours aussi difficile à comprendre que lors de la première rencontre, il m'annonce d'une voix faible et lointaine qu'un grand meeting va avoir lieu le 1er novembre avec Aung San Suu Kyi et qu'il sera à ses côtés. Ce sera le dernier meeting et le plus important de cette longue campagne qui a débuté deux mois plus tôt, en septembre.

Puis, il m'indique également qu'une conférence de presse d'Aung San Suu Kyi va réunir les journalistes du monde entier et se tiendra dans sa résidence privée le 5 novembre et qu'il pourrait être utile, dans le cadre de ma mission, de relayer ces informations en France. Je le remercie infiniment tout en lui expliquant que, n'étant pas journaliste, sans carte de presse, il me sera impossible d'assister à cet événement médiatique.

Alors j'ose lui demander un mot, une recommandation qui m'ouvrirait les portes du graal. Mais je saisis rapidement que cette demande est inappropriée et qu'il est inutile d'insister. Et puis je le sens las, désireux que l'entretien se finisse maintenant.

Je n'insiste plus, trop heureux déjà de l'avoir rencontré et de disposer d'informations si précieuses. Je sais maintenant à cet instant que je vais enfin voir Aung San Suu Kyi au meeting du 1er novembre.

Dix petites minutes se sont écoulées et j'adresse un salut plein de respect en quittant ce personnage au parcours incroyable. L'homme hoche la tête sans un regard et replonge dans ses pensées. Son état physique ne me semble guère rassurant.

A peine sorti de mon rapide tête-à-tête, je constate en pénétrant dans la vaste pièce principale que les regards ne sont plus les mêmes ; les personnes que j'avais vues précédemment me dévisagent désormais et semblent se demander comment j'ai pu rencontrer aussi facilement et sans rendez-vous U Tin Oo. Je décide donc d'exploiter ce nouveau statut que m'a conféré cette entrevue.

Il me manque en effet beaucoup d'informations : où se déroule ce meeting, dans quel quartier de Rangoon, à quelle heure précisément, quelles sont les recommandations à suivre, etc.

Et puis il y a cette importante conférence de presse à laquelle il faut absolument que j'assiste.

Galvanisé, je retrouve mes deux militantes en train de bavarder tranquillement et, cette fois-ci, je leur demande instamment de me trouver une personne qui parle bien anglais et avec qui je puisse converser.

Les deux femmes s'exécutent immédiatement et, d'un pas alerte, partent en quête d'un contact. Au vu de leur attitude, il apparaît que mon statut au sein de la NLD a radicalement changé.

Quelques instants plus tard, elles réapparaissent accompagnées d'une jeune femme qui se dirige vers moi à pas rapides.

« Neige » à Rangoon

Elle s'appelle Snow, comme la neige. Toute menue, cette jeune femme vêtue d'une longue robe en coton que l'on appelle le longuy, vêtement traditionnel birman, semble d'un naturel très réservé, presque timide. Elle parle effectivement très bien anglais. Enfin !

Je lui explique la situation, ma rencontre avec U Tin Oo et je lui montre ma lettre de mission. Snow saisit rapidement les raisons de ma présence en Birmanie et donc mes attentes. Très coopérative et ravie de voir des étrangers couvrir les élections et apporter implicitement leur soutien au combat de la NLD pour la démocratie, la jeune militante semble décidée à m'aider et prend aussitôt les choses en main.

Elle saisit une grande feuille de papier qui traînait nonchalamment sur la vieille table en bois à proximité et m'écrit en anglais et en birman l'adresse du grand meeting du 1er novembre :

- « Ça, c'est pour le chauffeur de taxi, » me précise t-elle, en me montrant le texte en birman. L'écriture birmane est ce que l'on appelle un alphasyllabaire aux formes arrondies, ensemble de signes représentant des syllabes agrémentées d'une voyelle et d'autres signes. Evidemment, c'est impossible à lire ni à comprendre lorsque l'on est un étranger.

Puis elle m'indique l'heure exacte du meeting et me conseille de venir trois heures avant le début.

- « Car on attend beaucoup, beaucoup de monde et vous savez, c'est le dernier et plus grand meeting de la campagne d'Aung San Suu Kyi, » conclut Snow avec une certaine gravité.

Fort de ces informations, j'ose alors aborder le second point, bien plus délicat celui-là.

- « U Tin Oo m'a aussi parlé d'une conférence de presse d'Aung San Suu Kyi, chez elle, dans sa résidence. Il m'a suggéré d'y participer, mais je ne suis pas journaliste, vous voyez, je suis photographe freelance pour une association en France et je n'ai donc pas de carte de presse, » lui dis-je en me répétant, avec un brin de désespoir dans le regard ! « Est-ce que vous pouvez m'aider, c'est très important que je puisse y participer ? » poursuis-je avec ardeur.

Snow parcourt à nouveau la lettre de mission et me dit :

- « Ecoutez, je vais me renseigner pour vous obtenir les coordonnées du chef du protocole d'Aung San Suu Kyi, c'est lui qui gère les relations avec la presse et attribue les accréditations. Donnez-moi votre numéro de mobile et vous pourrez ensuite vous adresser directement à lui. Mais je ne peux rien faire de plus, » conclut-elle.

Snow, mon écrin, mon diamant, ma perle d'Asie, je bénis ce jour, je bénis cette rencontre ! Ma confiance est au plus haut.

Emporté par mon élan, sans vergogne, je lui indique également que je veux suivre un candidat de la NLD dans sa campagne. « Allons jusqu'au bout, » me dis-je.

Et encore une fois, Snow, de sa voix fluette, m'apporte une réponse réjouissante.

- « Oui je connais bien une candidate, c'est une amie et je

peux lui demander, » me dit-elle d'un ton monocorde. « Je vous tiens au courant par texto. »

Comment décrire l'état dans lequel je me trouve en sortant du siège de la NLD ? Je suis comme une pile, bourré d'énergie, dopé à la NLD, dopé à Snow, totalement remis en selle après une entrée en scène poussive et balbutiante.

Je saute dans un taxi. L'après-midi est déjà bien entamée en ce 31 octobre et pourtant la journée ne fait que commencer !

Ma rencontre avec Lynn

Après une douche réparatrice, je grimpe au 9ème étage de mon hôtel avec vue à 360° sur le quartier de Chinatown. Ma bière a un certain goût de victoire ! Quelle incroyable entrée en scène, deux jours à peine après mon arrivée à Rangoon. Un léger vent chaud caresse mon visage. Un bien-être m'enveloppe et je savoure ce moment de calme et de sérénité.

Au loin, éclairée, la plus grande pagode d'Asie, pour moi la plus belle du monde, la pagode Shwedagon et son majestueux stupa doré semble couvrir la ville de sa grandeur et de sa bienveillance. A chaque passage en Birmanie, je ne peux m'empêcher de la visiter et d'admirer sa splendeur. On accède à ce lieu absolument gigantesque par de longs escaliers situés aux quatre points cardinaux. Le stupa de la pagode principale mesure près de 100 mètres de haut. Recouvert de milliers de plaques d'or, il domine une forêt de pagodes et de pagodons cernés de quatre temples plus grands.

C'est un endroit magique et totalement envoûtant. Haut lieu saint bouddhiste, premier centre religieux de la Birmanie, Shwedagon c'est l'âme intemporelle de la Birmanie, c'est là qu'il faut aller pour comprendre le pays.

Avant que les derniers rayons du soleil ne quittent définitivement la terrasse du 9ème, je décide d'envoyer un message au fameux photojournaliste avec lequel j'avais échangé par mail, deux jours avant mon arrivée en terre birmane. Je glisse mes doigts sur le clavier de mon smartphone pour lui indiquer que je suis basé au Grand United Hotel. J'espère pouvoir le rencontrer dans les prochains jours.

Au moment où je me lève pour regagner ma chambre, un message vient se déposer à l'instant sur mon écran. Je n'en crois pas mes yeux ! Lynn se propose de me récupérer dans dix minutes au bas de mon hôtel, car il habite deux rues plus haut. C'est désormais évident : mon chemin de photographe reporter en herbe est pavé d'étoiles, comme sur Hollywood Boulevard.

En quittant la terrasse pour rejoindre Lynn, je ne peux m'empêcher de jeter un dernier regard vers Shwedagon qui semble accompagner mon aventure journalistique du haut de sa magnificence.

Lynn et moi ne nous sommes jamais vus. En parcourant le site de son agence sur Internet, j'ai vu sa photo et je sais donc à quoi m'attendre. Lui n'a aucune idée du type qu'il va rencontrer, un type qui a presque le double de son âge ! Mais aucun signe dans son regard et sur son visage ne vient traduire un étonnement quelconque au moment où je lui tends la main pour le saluer.

Après de brefs échanges, très rapidement Lynn suggère que nous allions dîner dans la 10ème rue, dénommée la rue des barbecues.

- « Nous serons mieux pour discuter, » me dit-il en souriant.

Dans cette artère étroite, des dizaines de minuscules échoppes ont pris possession des lieux, en installant tables et chaises sur les trottoirs et dans la rue, ne laissant ainsi aucune place au passage des voitures. Une foule dense, jeune et bon enfant est attablée, le tout dans un brouhaha de rires et de paroles.

Des grillades fumantes posées sur les grilles noires des barbecues, placés tout au long de cette petite rue, créent une sorte de brouillard opaque et odorant. Dans mon assiette, de petites brochettes chaudes et savoureuses reposent sur un tapis de riz bien compact.

Lynn est un jeune homme d'environ trente ans. Assez grand, élancé, le regard perçant, il affiche une certaine assurance. J'explique à Lynn ma mission, les raisons de ma venue, l'association avec laquelle je travaille, mon grand intérêt pour la Birmanie et Aung San Suu Kyi, et bien sûr ma passion pour la photographie.

Ce garçon qui grille sa cigarette devant moi se révèle très aimable. « Il est vraiment sympa, » me dis-je en l'écoutant m'expliquer son parcours, son métier et décrire sa folle passion et son enthousiasme pour la pratique photographique. Adossé à l'agence EPA (European Pressphoto Agency) basée à Francfort en Allemagne, il couvre tous les événements dans son pays et pour cette agence, il parcourt également d'autres pays d'Asie, de la Chine jusqu'à parfois l'Australie.

Lynn respire la photographie. Son employeur lui procure boitiers reflex et objectifs professionnels. Pour Lynn, c'est le rêve car il sait qu'il ne pourrait jamais s'offrir ne serait-ce qu'un seul de ces superbes joujoux.

La soirée s'étire lentement. Il fait encore chaud à 22h dans les rues de Rangoon. Je me sens parfaitement bien, serein. Je voudrais que le temps s'arrête et que, pour une fois, les aiguilles du compteur se figent, juste une heure, pour le plaisir !

Lynn va peut-être m'aider à accomplir ma mission. Je lui

parle de mes échanges avec U Tin Oo, du meeting qui a lieu dans deux jours, le dimanche 1er novembre.

Il doit s'y rendre lui aussi, mais n'a pas encore prévu son planning ni son organisation.

Après une autre bière, après que Lynn m'a évoqué son rêve de couvrir les événements à Gaza, sans que je comprenne pourquoi une telle attirance vers cette région du monde, après avoir parlé des élections à venir, et la photographie toujours autour de nous, au dessus de nous, en nous, je quitte Lynn, ravi, heureux de cette rencontre, satisfait de cette journée si dense, si longue, si extraordinaire !

Nous allons nous revoir, et plus vite que je ne l'imagine.

Le grand meeting

Dimanche 1er novembre 2015.

C'est aujourd'hui le dernier meeting de la NLD, l'ultime grand-messe avant les élections, après deux mois de campagne intense pour tous les militants.

C'est pour moi le premier rendez-vous avec Aung San Suu Kyi et je suis fébrile à l'idée de la voir, enfin !

Depuis 1991, voilà exactement vingt quatre ans que j'attends ce moment. Il y a en effet vingt quatre ans, je découvrais cette jeune femme courageuse, bloquée chez elle pendant que ses deux fils et son mari recevaient à Oslo, en son nom, le prix Nobel de la paix.

Durant vingt quatre ans, j'ai lu, suivi, surveillé, écouté, épluché, absorbé tout ce qui avait trait à la Birmanie et évidemment tout ce qui concernait la Dame de Rangoon. Pendant des années, cette femme a lutté pour la démocratie, pour l'idée haute et noble qu'elle se fait de la politique et de l'avenir de son pays. Emprisonnée, assignée à résidence de longues années, privée de ses enfants, soumise au chantage permanent des militaires, ne pouvant quitter le pays pour accompagner son mari mourant, sous peine de ne plus y revenir, cette femme a résisté, tenu bon face à l'injustice et l'adversité, face à la violence et à la mort, sans jamais se résigner.

Alors oui, en ce 1er novembre 2015, je vais à la rencontre d'un monument, à la rencontre de l'Histoire !

A l'intérieur du van qui nous mène vers le lieu du meeting, situé en périphérie à l'est de Rangoon, l'ambiance est joyeuse et bon enfant. Lynn ne m'a pas oublié et le matin même je recevais ce message : « rendez-vous au coin de la rue, on part ensemble avec des amis ».

Nous ne sommes pas seuls sur cette route, des centaines et bientôt des milliers de Birmans nous accompagnent. Accroché à son volant, Htay, l'ami de Lynn, roule de plus en plus prudemment car le trafic s'intensifie.

La circulation en Birmanie a de quoi surprendre. Depuis 1970, les Birmans roulent à droite, dans des voitures qui ont la plupart du temps le volant à droite et le passager doit donc guider correctement son chauffeur, sous peine d'accident, lors de dépassements par exemple. Lynn endosse ce rôle avec sérieux et transmet régulièrement ses conseils à son ami Htay.

A mes côtés, calée à l'arrière du véhicule, une amie de Lynn et de Htay fait également partie du voyage. Derrière nous, un impressionnant dispositif est posé sur le siège du fond et dans le coffre apparent : des objectifs, des valises, des pieds photos, un ordinateur portable, des appareils reflex, c'est le studio photo ambulant de Lynn qui occupe tout l'espace arrière. Mes deux reflex et mon sac photo bourré d'équipements font pâle figure à côté de cette artillerie photographique.

Nous approchons. Les abords rougissent. Drapeaux, véhicules colorés, fanions, visages, tout est rouge, un rouge flamboyant, un rouge de victoire, le rouge emblématique du drapeau de la NLD !

Cris, rires, musique tonitruante, saluts se mélangent dans une joie et une allégresse incroyables.

Nous sommes entourés de sympathisants, de militants qui se dirigent tous vers le même point. Les rues s'obstruent de voitures, de pick-ups, de vélos, de motos et de piétons dans un capharnaüm indescriptible.

Nous sommes maintenant des dizaines de milliers à déambuler sur les routes et chemins. Jeunes bien sûr, mais pas seulement ! Toute la population birmane, toutes les composantes de la société, tous les âges semblent s'être donné rendez-vous aujourd'hui, sans distinction.

Chacun se fait signe, se sourit, se salue. Et lorsque des Birmans m'aperçoivent soudain à travers la vitre, les marques de reconnaissance se font plus visibles, tant ils semblent heureux de voir un étranger participer avec eux à cette liesse et à ce moment historique pour le pays.

Notre van est désormais bloqué, stoppé net dans un bouchon inextricable. Htay décide de rebrousser chemin pour emprunter une petite voie non goudronnée qu'il avait repérée avant notre arrêt définitif. Mais nous ne sommes pas seuls et des dizaines de chauffeurs ont eu la même idée et s'engagent dans la même direction. Rapidement, les deux côtés du chemin se garnissent de véhicules parqués de façon anarchique.

Un nouvel embouteillage se forme, mais là plus d'échappatoire, nous sommes bel et bien embarqués sur cette voie sans retour. Une légère inquiétude se lit sur le visage de Htay. Le long du chemin, des cohortes d'humains rouges poursuivent leur route, dans un tumulte assourdissant.

Malgré le chaos délirant qui enveloppe désormais tout le secteur, malgré une chaleur lourde et un soleil cuisant - on atteint les trente-trois degrés - aucune tension, aucun énervement, aucun excès.

Tout est fluide dans ce maelström ! Chaque blocage est traité, géré, administré. On aide aux manœuvres des véhicules, on indique les endroits où se garer, on repère les rares places possibles, on accompagne les chauffeurs pour éviter une fausse manœuvre, de tomber dans un fossé ou de taper une pierre par exemple. Le chambardement dans la sérénité !

Htay se voit obligé de trouver une solution rapide et décide de se poser le long d'un autre petit chemin. Aussitôt un homme qui passait par là dirige la manœuvre. Nous sommes enfin garés. Nous avons déjà doublé le temps prévu pour atteindre le lieu du meeting. Il est 14h00.

Moi qui ne suis pas un fan des rassemblements humains et des foules compactes, je suis servi !

Des milliers de gens sont déjà là, rassemblés, et des grappes entières d'humains continuent de se déverser de tous les côtés de ce vaste parc dégagé.

Si l'ambiance reste joyeuse, certains visages sont graves, voire inquiets. On annonce que les adeptes du parti de Thein Sein pourraient faire une descente pour perturber le meeting. Personnellement, je ne l'imagine pas : les partisans de la NLD sont trop nombreux pour que les autres osent tenter une opération de ce type, ce serait de fait voué à l'échec.

Tout de même, en pénétrant sur cette esplanade, immense comme deux stades de football, l'amie de Lynn ne peut s'empêcher de montrer son inquiétude. « J'ai mis des baskets, » me dit-elle, « au cas où il faudrait courir... »

L'ambiance est électrique. La foule s'élève désormais à près de 100 000 personnes.

Grâce à Lynn, j'obtiens un laissez-passer pour m'installer

sur l'une des deux plateformes réservées à la presse internationale. Nous sommes une bonne quarantaine sur cette structure et tout le monde joue des coudes pour se faire une place. Entre les pieds vidéos et photos, les caméras, les câbles, tout mouvement est périlleux. La presse mondiale est là et moi, simple photographe pour une association française, je me retrouve, avec l'aide de mon ami Lynn, au beau milieu des plus grands médias du monde, américains, européens, australiens, chinois et autres pays d'Asie.

Nous sommes tous coincés sur ce plateau de bois, tel un bateau ivre qui vibre à chaque pas. Toute tentative pour descendre de ce promontoire et viser un point ou un autre sur cette grande étendue désormais rouge vif serait vaine. Plus une place pour se mouvoir en contrebas. Nous voilà coincés sous un soleil de plomb.

Tout le monde transpire à grosses gouttes. Mais qu'importe. La ferveur est là, l'ambiance est folle.

Soudain, une clameur montante surgit telle une vague déferlante. The Lady arrive enfin ! Il est 15h30. Debout, dans une voiture au toit ouvert, Aung San Suu Kyi salue d'un geste familier de la main ses milliers de partisans, ivres de bonheur, qui encadrent le parcours en un cordon rouge vif.

D'où nous sommes, nous n'apercevons qu'une frêle silhouette qui se rapproche lentement de la grande scène, installée spécialement pour le meeting. A ses côtés, U Tin Oo est là, assis dans le véhicule. Tous deux rejoignent enfin la scène, après que le cortège a réussi à fendre lentement la foule compacte.

Drapée dans une longue robe noire à fleurs, une ombrelle dans la main droite pour se protéger du soleil brûlant, Aung

San Suu Kyi affiche une élégance infinie.

Avec mon 200mm, je tente de shooter, mais je suis loin, trop loin de la scène. Qu'à cela ne tienne, je décide de m'intéresser à la foule qui m'entoure, car le spectacle est franchement unique. Grâce à cette plateforme où nous piétinons tous, la vue à 360° me permet de faire des prises de vues variées et de photographier en plongée les visages et les tenues des sympathisants. C'est à celui qui sera le plus original, le plus extravagant. Là, cette femme dont le visage est totalement recouvert de stickers aux couleurs de la NLD. Ici, un jeune garçon de sept ou huit ans dont les parents ont fait sculpter sur sa tête le paon d'or, symbole du drapeau de la NLD. Et là encore, un jeune homme avec un fanion aux couleurs du parti, planté sur le haut du crâne. Partout c'est la même démesure, le même enthousiasme, la sensation de partager ensemble un moment fort, dense, rare.

Malgré une chaleur intense, une position debout vraiment fatigante, sans possibilité de se dégourdir les jambes, rien ne peut me gâcher ces instants exceptionnels.

U Tin Oo est le premier à s'exprimer. The Lady est sagement assise, protégée par son ombrelle, écoutant son fidèle compagnon. Sa diction est difficile, mais les Birmans l'écoutent religieusement. Ici, tous respectent U Tin Oo, son passé, son parcours, sa résistance et sa loyauté envers Aung San Suu Kyi. Je mesure la chance que j'ai eue d'avoir pu rencontrer cette icône de la résistance birmane. Des applaudissements nourris ponctuent régulièrement ses propos. Les clameurs, les cris nous indiquent que la foule acquiesce et souscrit sans hésitation aux paroles d'U Tin Oo. Après une vingtaine de minutes, le vieil homme se retire.

Aung San Suu Kyi se lève et va à sa rencontre en le remerciant chaleureusement. Une clameur plus forte et plus appuyée parcourt l'esplanade. Suu Kyi prend la parole.

Sereine, affirmée, déterminée, elle s'adresse à ses partisans pour leur rappeler les enjeux de cette élection. Puis, elle revient sur les grands moments de la campagne et insiste sur l'impérieuse nécessité de changer la Constitution, une fois la NLD arrivée au pouvoir. Elle est manifestement prête à en découdre pour enfin voir son pays sortir de la misère la plus profonde, de la corruption la plus établie et d'un régime les plus durs qui soit.

Trente minutes s'écoulent. Nous sommes tous en nage. On réclame des bouteilles d'eau. L'organisation a bien fait les choses ; il ne faut pas que la presse s'assèche. On nous abreuve et les litres d'eau glissent dans les nombreux gosiers assoiffés. La fatigue, l'épuisement, les courbatures, touchent tout le monde. Les boîtiers et les caméras sont chauds, brûlants. On piétine, on croise les jambes, les pieds, on essaie de trouver une position pour se dégourdir, mais les muscles sont lourds et ankylosés.

Pendant ce temps, Suu Kyi répond désormais aux questions posées par quelques sympathisants dans la foule. Fait unique dans le cadre d'un meeting de cette ampleur et de cette importance, un micro se promène dans l'assistance et permet ainsi de poser des questions en direct à la leader de la NLD.

La dirigeante de l'opposition birmane appelle ses partisans à la vigilance pour empêcher les fraudes électorales. Elle les rassure en leur rappelant que malgré les intimidations ou les blocages, il faut se déplacer pour aller voter le 8 novembre pour que pas une seule voix ne manque à la NLD. « Il est temps de tourner la page pour que la Birmanie connaisse enfin la vraie démocratie », conclut-elle sous des applaudissements nourris.

Le discours clair et énergique est reçu cinq sur cinq par la foule enflammée. Le grand meeting s'achève. De jeunes enfants montent sur la scène pour rejoindre les deux leaders et entonnent un chant repris en cœur par une large partie des participants. Puis Aung San Suu Kyi et U Tin Oo quittent la scène et la foule se disperse lentement. Pas de confrontation, donc, avec les opposants à la NLD ! L'ambiance est restée bon enfant. Quant à moi et mes acolytes, nous aurons passé près de quatre heures à piétiner sur les quelques centimètres carrés alloués à chacun. Quel soulagement de pouvoir enfin se mouvoir et marcher !

Les mêmes regards joyeux, les mêmes sourires, les mêmes signes qu'au début du meeting m'accompagnent. Des Birmans veulent que je les prenne en photo quand d'autres souhaitent me capter sur leur smartphone à leur tour. Je m'y prête avec grand plaisir. Un instant que chacun veut conserver. Un moment de vie particulier, un souvenir à tracer sur le disque numérique de notre vie.

Le retour est dantesque. Près de trois heures pour rejoindre notre point de rendez-vous dans Rangoon. Prenez 100 000 personnes qui partent au même moment et vous obtenez un gigantesque, un inextricable enchevêtrement de véhicules qui avancent à un train de sénateur.

Quelle heure est-il lorsque nous arrivons enfin à sortir de ce bourbier ? Je ne sais plus, mais lorsque le van se gare devant le restaurant, c'est la délivrance car nous sommes tous déshydratés et affamés.

Après un dîner et quelques bières partagées en compagnie de Lynn et d'autres amis photographes, je prends congé. J'arrive à l'hôtel, fourbu et heureux, mais il n'est pas question de penser à dormir. Les bras de Morphée doivent encore attendre ! Une tablette, deux téléphones, deux appareils photos, des objectifs, des câbles, deux chargeurs occupent le petit bureau de la pièce, transformée pour l'occasion en mini salle de rédaction.

Pas de temps à perdre en effet, car je dois sélectionner, puis retravailler quelques photos à remonter à l'association qui attend fébrilement mes informations. Je rédige mon article sur le meeting et envoie cinq photos par mail à Paris. A Pierre de jouer ! L'objectif est simple : communiquer tous les jours, garder le fil de l'info.

Après deux heures de travail, je sombre rapidement dans les bras de mon ami Morphée qui a patiemment attendu mon arrivée.

Ashin, le moine « révolté »

Lundi 2 novembre 2015.

En ce début de matinée déjà écrasée par le soleil, un nouveau rendez-vous m'attend. Je pars en direction d'une pagode située à l'est de la ville, pour une rencontre plutôt particulière.

Situé sur une petite colline à l'intérieur de Rangoon, le temple bouddhique du district de Bahan est niché au sein d'une végétation luxuriante.

De vieilles bâtisses coloniales délabrées abritent un monastère ; certaines sont en rénovation. Des tâches d'un marron foncé et laid peignent les murs délavés par l'humidité qui a imprimé sa marque indélébile. Le temps semble s'être arrêté ici et il règne une atmosphère étrange, presque mystique.

Même si j'ai lu que quelques centaines de moines vivaient sur ce site, peu sont visibles et ceux que je croise sur mon chemin semblent tous accaparés par je ne sais quelle besogne urgente.

Difficile de trouver sa route dans cet ensemble disgracieux et les informations dont je dispose sont assez sommaires : rendez-vous dans le monastère à 10 heures. Heureusement, je croise un jeune Birman désœuvré qui se fait un plaisir de m'indiquer le chemin et j'arrive enfin à rejoindre le centre du monastère.

- « En fait, ici c'est un petit monastère. » Celui qui vient de prononcer ces mots d'un air malicieux, au visage poupin, s'appelle Ashin Issariya. Il a 40 ans et il est moine bouddhiste. C'est le président de l'association qui l'avait rencontré à Paris et m'avait transmis ses coordonnées. Tout en poursuivant notre chemin au milieu des nombreux bâtiments qui parsèment la colline, Ashin parle lentement et d'une voix à peine audible.

Ce religieux semble d'un rang élevé dans la hiérarchie du monastère, car les marques de respect et de déférence des autres moines à son égard sont sans équivoque.

Qui est donc ce personnage tout droit sorti de Tintin au Tibet ? Il a en effet tout de « Foudre Bénie », le moine rencontré par le jeune reporter dans une lamaserie. Le visage rond, le regard quelque peu illuminé et un sourire figé et désarmant, toutes ces caractéristiques rapprochent étrangement Ashin de son acolyte tibétain de la bande dessinée. Va-t-il entrer en lévitation ?

Nous pénétrons dans une grande salle ouverte aux quatre vents. Plusieurs moines vaquent à leurs occupations, mais lorsqu'ils croisent la route d'Ashin, ils cessent toute activité et le saluent avec considération. Ashin traverse à vive allure le vaste espace qui s'offre à nous, quand soudain un moine surgit d'on ne sait où pour nous précéder sans mot dire. Arrivé au fond de la salle, ce dernier nous ouvre une vieille porte et disparaît aussi vite qu'il était apparu. Le mystère s'épaissit.

Nous entrons dans une petite pièce à peine éclairée, vétuste, aux murs rongés par l'humidité. Nous voilà seuls, face à face, assis dans de vieux fauteuils usés jusqu'à la corde.

L'atmosphère est étrange, presque irréelle. Nous voyant installés ainsi, on pourrait croire à un conciliabule.

Une touffeur accablante baigne l'espace.

- « J'ai été un des principaux leaders de la révolution Safran en 2007, » m'annonce t-il tout de go, en guise d'introduction. Malgré son allure d'adolescent, Ashin affiche une assurance et une sérénité désarmantes.

Cette révolution, que j'avais suivie à distance, avait eu pour origine une augmentation soudaine des prix sur des produits de première nécessité et de nombreuses manifestations pacifiques s'étaient répandues dans tout le pays. Des milliers de moines avaient alors pris la tête de ce mouvement de contestation, d'où le nom de révolution Safran en référence à la couleur de leurs robes, accompagnés de plusieurs dizaines de milliers de personnes, jusqu'à rassembler près de 100 000 manifestants au plus fort de la crise.

S'en était suivi une répression féroce des militaires, notamment vis à vis des moines. Prison, tortures et sévices furent leur quotidien. Certains moines incarcérés ne résistèrent pas aux mauvais traitements et périrent.

Être face à un des principaux acteurs de cette révolution emblématique de la Birmanie est donc pour moi une incroyable surprise et je comprends mieux maintenant les précautions d'Ashin pour me rencontrer ; ma curiosité en est toute aiguisée.

- « Identifié comme leader du mouvement, j'ai dû endosser un autre nom pour que les militaires ne me retrouvent pas et j'ai pu ainsi leur échapper. Puis ils s'en sont pris à huit personnes proches de moi et deux d'entre elles ont été torturées, » poursuit Ashin.

- « Ils ont aussi fait pression sur ma mère et toute ma famille pour tenter de savoir où j'étais. Alors mes proches m'ont conseillé de quitter le pays. Je suis donc parti sur les chemins, en direction de la Thaïlande, et pour ne pas être reconnu je me suis déguisé tout au long de mon évasion. C'était en 2008. Lorsque la BBC et d'autres médias internationaux se sont intéressés à moi et m'ont interviewé, les militaires ont compris que je leur avais échappé, » ajoute le moine avec une satisfaction non déguisée.

- « J'ai dû vivre dans la clandestinité très longtemps. Cela fait maintenant deux ans que je suis rentré dans mon pays, mais je garde un pied à terre en Thaïlande, au cas où ! De toute façon, mon vrai nom n'apparaît plus sur les documents officiels en Birmanie et les autorités ne savent donc pas qui je suis », conclut Ashin d'un rire espiègle.

Voilà pour le parcours plutôt mouvementé de mon interlocuteur qui me séduit vraiment par son courage, sa ténacité mais également sa tolérance, malgré les dures années qu'il a vécues.

Nous faisons une courte pause pour que je puisse prendre plusieurs portraits d'Ashin. Puis j'en viens au sujet qui occupe tous les esprits en ce moment, les prochaines élections.

Le visage d'Ashin se durcit. Le ton est ferme, presque grave.

- « Oui bien sûr, je crois que le Parti d'Aung San Suu Kyi va gagner. Nous voulons tous la paix, le calme, la prospérité, la justice et c'est le moment de changer, » explique t-il sans manifester pour autant le moindre enthousiasme particulier vis à vis de la leader de la NLD.

- « Ce qui compte, c'est que les militaires partent et laissent la démocratie s'installer. »

- « Et si les militaires contestaient cette victoire, comme ils l'ont déjà fait par le passé ? »

- « Alors ce serait une nouvelle révolution pour la Birmanie, car l'espoir actuel ne peut plus être cassé, » répond Ashin sans ambiguïté. Affirmatif et visiblement convaincu de ses propos, Ashin semble tout à fait certain de l'issue des prochaines échéances électorales.

Il me tarde aussi de savoir ce qu'il pense de Wirathu, moine intolérant et fasciste, qui jette une tâche noire sur le bouddhisme et prône la division.

Ashin n'hésite pas une seconde pour me répondre. Son regard est limpide :

- « En tant que moine, je pratique la méditation chaque jour et Bouddha ne permet pas de distinguer les races et de faire de la ségrégation. Nous avons des règles. Ce moine et ses adeptes sont téléguidés par le gouvernement actuel qui les aide et les soutient. Nous avons des preuves très claires de cela. Malheureusement, certains Birmans croient aux messages délivrés par Wirathu, car la parole des moines est sacrée en Birmanie, nous représentons une autorité morale et nous devons donc user de pédagogie auprès de la population dupée pour expliquer que Wirathu est un imposteur. »

Voilà qui est dit ! Après une heure d'entretien, alors que nous nous dirigeons vers l'entrée du monastère et que je m'apprête à remercier mon interlocuteur, Ashin me propose de poursuivre nos échanges dans un autre lieu de la ville, car il veut me faire rencontrer un moine qui semble compter beaucoup pour lui.

N'ayant pas d'autre rendez-vous dans la journée, j'accepte avec plaisir et curiosité.

Nous sautons dans un taxi. Sur la route qui nous conduit vers un second monastère, nous croisons plusieurs bus bondés et déglingués.

Ashin manifeste sa sourde colère en pestant contre les conditions de vie misérables des habitants de Rangoon.

- « Regardez comment le peuple birman est traité ! Moi qui me suis déjà rendu en Europe, j'ai vu que les bus étaient en bien meilleur état. Ici, c'est une honte. »

Tandis qu'Ashin discourt sur l'état des transports, dépeint la gestion désastreuse du pays par les militaires durant ces longues années de dictature, je songe à la nouvelle rencontre qui s'annonce. Qui est cet homme qu'Ashin veut absolument me présenter ?

Après avoir roulé une bonne vingtaine de minutes dans les rues de Rangoon, nous arrivons enfin au monastère.

- « Le moine que nous rencontrons s'appelle U Candasiri, » m'annonce Ashin avant de se prosterner devant notre hôte. L'homme est bien plus âgé que lui. Est-ce son mentor ?

Je salue U Candasiri en joignant les mains et en inclinant légèrement la tête. Il est grand et fort. Son assurance est manifeste. Son regard pénétrant m'impressionne et m'intimide. Nous nous installons dans une grande salle ouverte aux quatre vents.
Ashin m'invite à m'asseoir à côté de lui sur un banc en bois tandis qu'U Candasiri, drapé dans sa robe safran, s'installe sur un grand siège en hauteur. Nous sommes comme des élèves face au maître.

- « Lui, c'est en 1990 qu'il a été amené à se révolter contre le pouvoir militaire en place après que les soldats ont tiré sur les moines, » me révèle Ashin en regardant cet homme avec une sincère admiration.

- « Pour avoir protesté contre la violence des soldats, j'ai connu des années de prison et de sévices. J'ai été condamné à quatorze ans de prison en tout, mais en réalité j'aurai été incarcéré sept années, » explique laconiquement U Candasiri .

- « J'ai aussi participé à la révolution Safran avec Ashin en 2007 et j'ai été de nouveau condamné à onze ans de prison, avant d'être relâché en 2012. » conclut-il.

Malgré toutes ces horreurs qu'il vient d'énumérer, je ne sens aucune agressivité chez cet homme qui a tant souffert. Il me narre ses sinistres aventures d'un ton détaché et sans émotion.

Une chose est sûre : U Candasiri n'a jamais cru en ce gouvernement ni en sa parole, mais il n'éprouve aucune haine envers les militaires. Forcément, ses expériences douloureuses l'ont rendu très sceptique et méfiant sur la suite des événements.

Lorsque je lui demande son avis sur les élections, il est sans détour :

- « Je suis certain que les militaires ont déjà verrouillé tout le système politique en cas de défaite de leur camp et que le parti d'Aung San Suu Kyi ne pourra jamais gouverner comme il l'entend, » affirme d'une voix ferme et grave U Candasiri.

- « Vous savez, les militaires veulent avant tout préserver leurs acquis et leur pouvoir, ils considèrent que l'armée est le rempart absolu contre toute ingérence, qu'elle soit étrangère ou qu'elle vienne de l'intérieur du pays. »

A côté de lui, Ashin acquiesce. Avant de prendre congé, je demande à U Candasiri et Ashin leur accord pour faire quelques photos.
Avec fierté et une certaine prestance, les deux moines courageux prennent une posture conquérante et altière.

- « Encore une rencontre extraordinaire, » me dis-je en m'éloignant pendant que mes deux interlocuteurs, du haut du perron du monastère, me font un petit salut de la main. Admiratif devant ces hommes braves et qui sont restés si dignes face à l'adversité, à la brutalité des militaires, je m'interroge sur leurs propos.

Et s'ils disaient vrai ? Et si ces élections n'étaient en fait qu'une vaste mascarade, orchestrée par les militaires, histoire de faire bonne figure devant le monde qui les regarde ?

Je sors de ce rendez-vous quelque peu bousculé et tout à coup plein d'incertitudes quant à l'avenir de ce pays.

Installé à l'arrière du taxi, de retour vers mon hôtel, je reste pensif, la tête collée au carreau jauni par la poussière.

La course du soleil se termine et les premières couleurs mordorées éclairent ici et là les façades décrépies et délavées des immeubles qui défilent devant mes yeux. Avec un taux d'humidité constant de 70%, toute la ville est tamponnée au sceau de la moiteur. D'ici une heure, Rangoon tout entier s'embrasera et la pagode Shwedagon revêtira, comme tous les soirs, sa robe dorée étincelante. La ville s'animera encore plus et les échoppes de rue fleuriront sur les trottoirs du bas de Rangoon.

Même si une certaine mélancolie envahit mon esprit lorsque je repense aux propos vraiment peu enthousiasmants de ces deux moines, je reste confiant dans la capacité des Birmans à faire face.

Un petit bip vient me sortir de ma rêverie urbaine. Je découvre sur l'écran de mon smartphone un message qui me ravit au plus haut point et que je traduis instantanément. C'est Snow ! Elle ne m'a pas oublié. Elle m'indique que j'ai rendez-vous dès demain avec une candidate de la NLD, district de Chinatown, le bureau est situé entre la 17ème et la 18me rue, sur Maha Bandula road.

Incroyable, le bureau de sa circonscription est situé à deux pas de mon hôtel !

Nul doute, mon étoile brille toujours avec éclat.

La jeune candidate

Mardi 3 novembre 2015.

Le compte à rebours a commencé. La Birmanie est maintenant à cinq jours du scrutin, à cinq jours de son avenir. Il est 15h, l'heure la plus chaude de la journée.

Dans les rues de Chinatown, difficile de distinguer les voies de circulation des accotements tant l'animation est grande ; passants, multiples échoppes et véhicules s'entremêlent dans une joyeuse agitation. Dans cette partie basse de la ville, lovée le long de la Yangon River, la vie ne s'arrête jamais.

Tout en marchant sur le trottoir qui me mène vers mon point de rendez-vous, je lève régulièrement la tête pour m'efforcer d'entrevoir des signes distinctifs du lieu où je dois me rendre. Je repère au loin quelques drapeaux rouges accrochés en désordre sur les hauteurs de la façade d'un building lépreux, identique aux façades de la ville basse usées par les pluies de mousson, avant d'être ensuite copieusement brûlées par un soleil ardent.

Je suppose que je suis au bon endroit. Aucun numéro. Je m'engouffre dans l'entrée. Un escalier lugubre me fait face. Je n'y vois rien et je grimpe à l'aveugle dans les étages avec prudence. Suis-je dans le bon immeuble, car ici toutes les entrées se ressemblent ? J'arrive en sueur au 3ème étage. Une porte est ouverte. Je me penche discrètement et j'aperçois les drapeaux rouges flottants à l'extérieur de la fenêtre. J'y suis. Impossible de se tromper. Le paon flotte majestueusement sur le drapeau écarlate, symbole de noblesse utilisé dès l'époque des rois birmans.

Pendant plus d'un siècle, l'animal majestueux dominait alors les trônes, comme ailleurs le lion ou l'aigle, jusqu'à ce que l'Empire britannique mette la royauté birmane hors jeu et colonise le pays, à partir de la fin du XIXe siècle. Et c'est le général Aung San, père d'Aung San Suu Kyi, qui a choisi l'animal pour symboliser sa lutte contre les Britanniques. Plusieurs décennies plus tard, dans les années 80, Aung San Suu Kyi et la toute jeune Ligue Nationale pour la Démocratie se sont, elles aussi, appropriées le symbole de ce paon combattant en l'intégrant sur leur drapeau.

La pièce dans laquelle je pénètre est tout en longueur. S'entassent pêle-mêle tracts, livrets, affiches, documents de toutes sortes. Au milieu de ce joyeux désordre, une imposante table fait office de bureau pour la petite équipe qui s'affaire et classe les nombreux écrits.

Grâce à Snow, mon contact est bien au rendez-vous.

Une jeune femme assise à un vieux bureau en bois, frêle, semble accaparée par son travail. Derrière elle, un poster géant d'Aung San Suu Kyi jeune. Elles se ressemblent étrangement, l'allure comme la posture.

Qui sait, peut-être un jour aura t-elle aussi un destin exceptionnel !

Elle se lève à ma venue et me salue avec timidité.

Je la remercie très chaleureusement d'avoir accepté de me recevoir en cette fin de campagne.

Daw Khin Moht Moht Aung, jeune militante de 30 ans, se présente aux législatives prochaines pour se faire élire en tant que députée dans la circonscription de Chinatown. La nouvelle génération de la NLD. La relève en quelque sorte.

Militante depuis 2007, Daw Khin Moht Moht Aung a de l'énergie à revendre et pratique un anglais assuré.

- « Ma circonscription c'est Chinatown, plus précisément Latha Township, » dit-elle d'un air décidé, « et elle regroupe environ 25 000 habitants. Ici c'est toujours très dur de connaître le nombre exact d'habitants, » ajoute t-elle en souriant.

Première campagne donc pour cette jeune femme qui a fait deux meetings, participé aux nombreuses animations de la NLD dans son secteur et qui va tous les jours frapper aux portes avec sa petite équipe à la rencontre des habitants.

Je lui dévoile les raisons de ma venue : bien sûr, recueillir ses impressions sur sa première campagne et ses premiers pas en politique, prendre quelques photos, mais aussi et surtout la suivre sur le terrain, notamment lors de ses actions de porte à porte.

Je lui demande donc son accord pour rencontrer les habitants de Rangoon, chez eux, avec elle et son équipe, afin d'immortaliser ces moments en réalisant un reportage photographique.
Daw Khin Moht Moht Aung réfléchit quelques instants et me donne rapidement son accord.

- « Suivez-moi, nous partons maintenant, » me dit-elle d'un ton résolu, tout en se levant énergiquement.

Surpris d'une réponse aussi soudaine, je charge derechef mon sac photo sur les épaules. Nous quittons l'immeuble d'un pas décidé et nous voilà partis sillonner les rues de Chinatown.

Son équipe se résume à trois autres personnes, une assistante et deux militants de son district, très discrets, tous prêts à arpenter les rues et frapper aux portes des nombreux foyers à rencontrer.

La foi et l'envie sont bien là, inébranlables.

Alors que nous entrons dans la première cage d'escalier d'un immeuble toujours aussi insalubre, la jeune militante se retourne vers moi pour m'expliquer sa démarche.

- « Notre objectif est d'expliquer le processus de vote, plutôt complexe, aux habitants de mon secteur. Nous leur montrons le système de listes, la manière de voter avec des tampons et surtout les trois scrutins sur lesquels il faut se prononcer : pour la Chambre basse, la Chambre haute et le Parlement régional. Nous faisons des simulations avec des planches explicatives pour les aider à comprendre. Vous savez, c'est très difficile pour nos concitoyens, car ils ne sont pas du tout familiers avec ces pratiques, » m'explique t-elle.

- « Presque tous les jours, de 15h jusqu'à 19h, depuis des semaines, nous allons à la rencontre de la population pour expliquer et encore expliquer, inlassablement, » conclut-elle.

Nous montons les quelques marches qui mènent au premier étage. A droite, une grille cadenassée barre la porte de l'appartement que nous comptons visiter. Une femme assez âgée apparaît après avoir ouvert sa porte principale.

Dans ces immeubles de Rangoon, toutes les entrées sont semblables, à savoir une porte grillagée munie d'un gros cadenas et derrière une seconde porte pleine. Je n'ai pas réussi à savoir précisément pourquoi un tel dispositif existait, mais c'est ainsi. Probablement une question de sécurité !

Avant d'entrer, la candidate se présente et explique à la vieille dame sa démarche. Elle signale aussi qu'elle est accompagnée d'un photographe étranger et lui demande la permission d'entrer avec moi.

La femme me regarde et sourit à nouveau en acquiesçant d'un signe de tête. Je lui retourne mon plus beau sourire.

Nous pénétrons dans la seule et unique grande pièce principale.

C'est l'assistante qui prend les choses en main. Sur la petite table basse, elle déploie une très grande maquette en carton constellée de multiples dessins colorés qui décrivent le processus de vote.

La vieille femme écoute avec attention. Son beau visage ridé s'éclaire à chaque fois qu'elle comprend les modalités. Car pour les Birmans, voter n'est pas un acte courant. Cinquante ans de dictature militaire sont passés par là. Les militants de la NLD doivent donc être très pédagogues.

Le moment où l'assistante lui met un tampon dans la main a de quoi surprendre.

En effet, la femme n'a jamais vu ni tenu un tampon de sa vie. Cet objet surprenant est réservé exclusivement à l'administration birmane et pas à la population. Elle scrute avec intérêt et curiosité cet étrange et déconcertant outil qu'elle saisit et fait tourner lentement entre ses doigts. La femme âgée semble totalement désarçonnée, malgré les explications de la militante. Lorsqu'elle pose enfin le tampon dans une case et qu'une marque s'imprime, un magnifique sourire radieux vient illuminer sa figure. Quant à moi pendant ce temps, je reste debout et promène mon objectif tout autour de ce petit groupe assis en cercle sur le sol carrelé, afin de saisir ces instants de pédagogie et d'échanges.

La vieille femme est accueillante et franchement favorable au parti de la Dame de Rangoon. Après quinze minutes d'explications détaillées, nous la quittons et poursuivons notre porte-à-porte.

Nous ratissons l'immeuble et rencontrons encore plusieurs familles.

L'accueil est toujours aussi cordial et tous reçoivent avec bienveillance la démarche de la NLD. En ce qui me concerne, je n'essuie aucun refus, tous les Birmans répondent favorablement à la demande de la candidate et acceptent ma présence.

- « Tout candidat député peut voter avant la date des élections, » me précise Daw Khin Moht Moht Aung au moment de pénétrer dans un nouvel immeuble.

- « Grâce à cette modalité, le 8 novembre, jour des élections, nous pouvons ainsi faire le tour des différents lieux de vote de nos circonscriptions et nous assurer que les procédures seront bien respectées, » poursuit-elle.

Dans un pays où l'armée fait encore la pluie et le beau temps et n'est peut-être pas disposée à lâcher aussi facilement les rênes du pouvoir, la prudence est particulièrement de mise.

- « Et puis il y a aussi des observateurs d'instances internationales qui ont été mandatés pour vérifier le bon déroulement des opérations électorales, mais il faudrait qu'ils soient ailleurs qu'à Rangoon, qu'ils soient présents là où sont les problèmes, les besoins, car ici nous sommes suffisamment nombreux pour surveiller chaque bureau de vote, » affirme avec détermination la jeune candidate.

Dans l'hypothèse où elle serait élue, la future députée a déjà défini son programme qui tient en trois points : prospérité, sécurité pour ses habitants et application des lois qui seront votées et promulguées.

Après deux bonnes heures de démarchage, il est temps pour moi de prendre congé. Au moment de nous séparer, elle ajoute :

- « Nous allons gagner, mais il nous faut remporter le maximum de sièges pour mieux contrôler le parlement et pouvoir agir. »

L'assurance de Daw Khin Moht Moht Aung est solide.

Avant de la quitter, j'ose solliciter une dernière faveur :

- « Est-ce que vous seriez d'accord pour que je vous suive le jour des élections, lorsque vous ferez le tour des bureaux de votre circonscription ? Ce serait intéressant pour moi d'effectuer ce type de reportage photo. »

Je la sens hésitante. Après quelques instants de réflexion, elle m'explique qu'elle doit avant tout s'adresser au juriste de la NLD afin d'obtenir son accord.

- « Si c'est possible, je vous ferai parvenir un message, » conclut-elle.

Je la remercie chaleureusement et je quitte Daw Khin Moht Moht Aung, séduit par sa ferme détermination.

La silhouette frêle s'éloigne accompagnée de ses fidèles militants.

La candidate va poursuivre inlassablement sa campagne jusqu'au dernier jour, jusqu'à la dernière heure. En la regardant, je ne peux m'empêcher de penser à nouveau à une certaine Aung San Suu Kyi qui devait être semblable à son âge, volontaire et déterminée.

Je souhaite sincèrement que son vœu d'une victoire sans appel soit exaucé, c'est le vœu de tous les Birmans.

Le Graal

Mercredi 4 novembre 2015.

Snow a tenu parole. Ma perle d'Asie vient de me transmettre à l'instant les coordonnées du chef du protocole d'Aung San Suu Kyi, son adresse mail et son numéro de portable. Tout en terminant tranquillement mon petit déjeuner depuis la terrasse du 9ème étage qui m'offre une vue imprenable sur le bas de Rangoon, vue dont je ne me lasse jamais, je rédige sur ma tablette un message adressé à mon interlocuteur.

Une heure passe. Pas de réponse. Je renvoie à nouveau un mail. Toujours aucune nouvelle. Au fur et à mesure que la matinée s'écoule, mon anxiété ne cesse de croître ; la conférence de presse se rapproche à grands pas.

Je décide alors de composer le numéro du mobile du chef du protocole et j'entends alors le message suivant : « the mobile phone of your correspondent is switched off. »

En un clin d'œil, tous mes maigres espoirs s'effondrent ; en une fraction de message, je pressens que ma bonne étoile m'a tout à coup fait faux bond et qu'un rêve est en train de s'évanouir. L'homme providentiel est donc injoignable !

Que faire ? Attendre ? Passer à autre chose, un autre reportage ? Abandonner ?

Impossible, je ne peux me résoudre à cette éventualité. Je dois poursuivre mon projet, coûte que coûte.

Jusqu'au bout, c'est mon credo depuis que j'ai posé les pieds sur le sol birman, alors pas question d'abdiquer sans avoir tout essayé.

Le temps presse, car il ne me reste plus qu'une demi-journée pour tenter de contacter cet homme. Vingt minutes plus tard, fébrile, je pénètre dans les locaux du siège de la NLD, toujours en chantier. Des ouvriers s'affairent à la tâche juste à côté pour que le nouvel immeuble du parti soit achevé dans les meilleurs délais. Il est 11h du matin et la conférence de presse a lieu le lendemain en fin de journée.

Je marche d'un pas assuré et rapide ; arrivé au fond de la salle, je demande immédiatement à voir Snow. Et sans délai, mon aide de camp arrive, fidèle au poste, humble et sérieuse. Je lui explique ma situation, avec un air de chien battu, désespéré !

Snow sourit et me dit :

- « Ah en fait, c'est normal qu'il ne vous ait pas répondu. Il est bien trop occupé par l'organisation de la conférence ; et d'ailleurs il est ici en ce moment. »

- « Ici, là ? » Je n'en crois pas mes oreilles. « Il est ici dans les locaux ? » dis-je tout excité.

- « Oui, il enregistre les journalistes des médias internationaux pour leur délivrer leur accréditation. Allez, venez avec moi, » poursuit-elle. « Vous avez la lettre ? »

Je suis fébrilement Snow. Celle-ci se dirige d'un pas tranquille vers un homme qui se tient debout au fond de la salle, penché sur un tas de documents amoncelés en désordre sur une longue table d'un bois de couleur jaunâtre, ridée par les ans.

Face à cet homme austère concentré sur sa tâche, trois

journalistes occidentaux radieux tiennent entre leurs mains le sésame ouvrant la porte pour entrer chez The Lady, dans sa fameuse demeure restée impénétrable durant des décennies. L'accréditation en poche, visiblement enchantés, ils quittent le local. Je les regarde s'éloigner, quelque peu envieux.

Une fois les trois hommes sortis, Snow tend la lettre officielle au chef du protocole. Inutile de préciser l'état dans lequel je me trouve à cet instant présent. Un rêve est là, face à moi, le rêve de rencontrer Aung San Suu Kyi, chez elle, là où je voulais me rendre il y a deux ans à peine dans le cadre de mon projet fou. Mon destin de pouvoir participer à cette conférence de presse internationale est désormais entre les mains de cet homme.

Le chef du protocole parcourt la lettre d'une façon détachée. La fébrilité qui m'envahit me glace alors que la température extérieure affiche un bon 35 degrés. L'homme plonge alors son regard dans l'énorme vieux registre et vérifie si mon nom apparaît bien dans la liste des correspondants internationaux.

A ce moment là, plus aucun espoir n'irrigue les veines de mon esprit. N'étant ni journaliste, ni reporter, ni dépêché par une agence ou un magazine, sans carte de presse, je n'existe tout bonnement pas, je suis un hologramme du journalisme !

Constatant que mon nom n'apparaît pas, l'homme semble étonné ; il reprend à nouveau la lettre et la lit maintenant avec une acuité qui me fait frémir. Ces secondes de lecture sont interminables. Que peut-il se dire à ce moment là ? Quelle valeur va t-il accorder à ce courrier de l'Association France Aung San Suu Kyi qu'il ne connait pas et qui explique l'objet de ma mission ?

Tout à coup, je distingue comme un signe.

L'homme hoche légèrement la tête à la fin de sa lecture et sans me regarder, il semble adresser un "humm" en direction de Snow.

Je la regarde, incrédule.

- « What did he say ? »

- « He say's yes, it is ok » dit Snow, un timide sourire de victoire éclairant son visage.

Immédiatement et toujours sans m'adresser le moindre signe ni la moindre attention, le chef du protocole me tend le grand registre pour que je mette mon nom, mes coordonnées et que j'appose ma signature. Il prend alors une des multiples accréditations empilées sur la table et me la tend avec la même ignorance à mon encontre. Je saisis le graal avec solennité. Je le tiens enfin !

Mon sésame porte l'intitulé suivant : "Media 212 - National League For Democracy Press Conference - 5 Nov.2015 - N° 54, University Avenue Road, Bahan Tsp, Yangon".

Tout en remerciant le chef du protocole qui a déjà replongé dans son livre, totalement pris par sa besogne, je jette un regard de joie indescriptible vers Snow, mon rubis birman.

Je vacille littéralement et je la remercie à n'en plus finir. Celle-ci reste neutre et ne sourit plus, tout juste satisfaite de m'avoir rendu service.

Avant de partir, elle me précise tout de même un point capital :

- « La conférence initialement prévue demain en fin d'après-midi à 17h a été avancée à 9h et vous devrez vous présenter à 7h précises, à l'entrée principale de la résidence d'Aung

San Suu Kyi. Vous avez bien fait de passer ce matin », me dit Snow, un brin de malice dans les yeux.

En sortant du local, la main tenant fermement mon accréditation, une émotion forte m'étreint. J'ai envie de crier ma joie, de célébrer ma persévérance et ma bonne étoile. De dire au monde que tout est possible dans la vie pour qui le veut, de délivrer un message d'espoir aux pessimistes, aux défaitistes, à ceux qui ne tentent pas, qui n'osent pas.

Je ne tiens plus en place. Je suis exalté. Mon état de béatitude reste constant. Un sourire figé et radieux cisaille mon visage. J'ai une envie urgente et soudaine de partager ma joie et mon émotion avec quelqu'un. Dans le taxi censé me ramener à l'hôtel, je décide alors de changer de direction.

J'arrive à Alamanda Inn, guesthouse située dans le quartier résidentiel de Bahan, à deux kilomètres de la pagode Shwedagon et à quinze minutes à pied du 54, rue de l'Université, mon prochain grand rendez-vous. Ici la verdure est omniprésente et les immeubles rares. Beaucoup de maisons traditionnelles, résidences chics et demeures haut de gamme garnissent ce district de Rangoon.

La maison est tenue par deux Françaises que j'avais rencontrées en 2011, année de ma première venue. J'ai hâte de leur raconter ma folle aventure.

Installées depuis de très nombreuses années en Birmanie, Natacha et Anne-Cécile tiennent cette demeure d'une main ferme.
C'est un lieu désormais très fréquenté, qui rencontre un succès croissant dans cette partie verdoyante de la ville. Expatriés, journalistes, touristes de France et d'ailleurs se

croisent quotidiennement, logent dans de belles chambres au style colonial ou se prélassent sur l'immense terrasse couverte, entourée de plantes luxuriantes, tout en dégustant de délicieuses crêpes, une des spécialités de la maison.

Je raconte à mes amies mon aventure journalistique autour de la campagne des législatives et bien sûr l'accréditation que je viens d'obtenir il y a une heure. Elles sont épatées et ravies de ce qui m'arrive. Je passe la fin de matinée avec elles, une façon de me remettre de mes émotions !

Au cours du déjeuner, Anne-Cécile me pose une question plutôt surprenante.

- « Est-ce que tu serais d'accord pour renseigner un correspondant du journal Le Monde sur la situation politique du moment ? C'est un grand journaliste et il est actuellement en Chine, il bouge beaucoup et c'est aussi et surtout un ami, » précise t-elle.

- « Il doit revenir sur Rangoon prochainement pour suivre la fin de la campagne et s'il peut entrer en contact avec toi pour que tu lui donnes les quelques dernières infos utiles, ce serait sympa. »

« Le Monde, » me dis-je en moi-même. Voilà maintenant que je suis susceptible d'entrer en contact avec un grand reporter du Monde ! Décidément je vais de surprise en surprise. Inutile de préciser que ma réponse est immédiate et positive : « bien évidemment, pas de souci, il peut m'appeler, voici mon numéro de mobile local. »

Même si le journaliste obtiendra au final ses informations par d'autres canaux, de mon côté je n'en avais pas fini avec le monde des médias.

Quand un média s'en mêle

Le quartier de Chinatown est un lieu vraiment surprenant, où je prends un réel plaisir à flâner, humer, écouter, regarder les Birmans vivre, acheter, vendre, cuisiner. L'ambiance y est exceptionnelle.

Dans ce secteur de la ville, les marchés prennent possession du quartier. Ils sont installés de façon anarchique dans les rues ou sur les trottoirs. Certaines marchandes ont même étalé leurs nattes par terre au beau milieu de la chaussée et les véhicules n'ont d'autre choix que de ralentir et de passer très lentement au-dessus des fruits, légumes, poissons et autres produits posés ainsi à même le sol.

Au cœur de ce spectacle unique, je me meus avec délectation, l'appareil photo en main ; je déambule entre les stands, j'enjambe les étals au sol, je me plie pour saisir le bon angle, la bonne expression.

Devant moi un homme, tel un artiste, soulève une large pâte d'une finesse extrême qu'il fait tournoyer au dessus de sa tête, avant de la reposer délicatement, puis de la transformer avec dextérité en un rouleau appétissant garni de légumes et de viande. Un peu plus loin, une vendeuse a construit élégamment une grande pyramide de fruits divers créant ainsi un ensemble harmonieux et multicolore. Sur un minuscule étal, des centaines de feuilles de bétel d'un vert éclatant sont alignées consciencieusement, puis roulées pour être chiquées.

Mes pas photographiques sont rythmés par cette activité débordante et les acrobaties que je fais parfois pour prendre certaines photos ne perturbent ni les marchands ni les passants.

Les deux heures d'immersion dans ce marché du bas de la ville, à arpenter rues et ruelles par une chaleur lourde, m'ont ouvert l'appétit. Il n'est pourtant que 16h. Je décide alors de descendre l'avenue qui mène à la pagode Sule pour me rendre à "Shan Noodle".

Ce minuscule restaurant bon marché est très fréquenté par les locaux qui travaillent dans le quartier et aussi par des touristes. On y sert des plats simples et délicieux. Situé derrière la pagode, juste à côté de quelques administrations, le lieu ne désemplit pas. A l'étage, on loge plutôt les étrangers, le haut étant plus conforme aux canons occidentaux. Pour ma part, je préfère être au rez-de-chaussée avec les locaux, les rencontres y sont plus authentiques.

Cette fois-ci, c'est une maman et sa fille qui s'installent à ma table. Sourires et gestes amicaux sont les seuls éléments de communication qui animent notre conversation sommaire.

Ma commande arrive. Ce sont de succulents wontons fumants. Ces carrés de pâte, réalisés à base de farine de blé, confectionnés en délicieux raviolis farcis et plongés dans un bouillon parfumé, sont un régal pour les papilles. Voilà un encas qui m'a remis en selle.

Je quitte la table seul, mes deux invitées s'étant déjà éclipsées, après un repas rapidement expédié. Quelques minutes plus tard, je me retrouve à nouveau au pied de la pagode Sule.

Servant de rond point aux nombreux véhicules qui

empruntent cette partie de la cité, Sule est unique par sa forme octogonale, de sa base jusqu'à sa superbe coupole dorée qui irradie tout le bas de Rangoon. On assure qu'elle est vieille de 2 000 ans ; autant dire que cette pagode est aussi vénérée que la grande, majestueuse et imposante pagode Shwedagon. C'est de surcroît un symbole de la lutte des Birmans durant la dictature militaire, lieu de rassemblement des manifestants. En tout cas, pour moi et tant d'autres qui arpentent le bas de la ville, Sule est un excellent repère pour se balader et découvrir les quartiers aux alentours.

A peine ai-je dépassé ce lieu emblématique, prêt à remonter l'avenue pour rejoindre mon hôtel, que mon téléphone se met à vibrer et sonner. C'est Pierre.

- « Salut, comment vas-tu ? Tu sais que tes premières photos et articles commencent à produire leurs effets ? Le nombre de visiteurs sur notre site est en plein boom ! C'est super, tu fais un bon boulot. »
Voilà qui est toujours agréable à entendre, surtout lorsque l'on est seul au bout du monde et que l'on ne sait pas quel impact peut avoir un tel travail. Je connais Pierre et son enthousiasme de militant ; mais je sais aussi que l'échéance proche des élections commence à intéresser bon nombre de curieux de la Birmanie, tout en attisant l'attention des médias internationaux. Et la suite de la conversation me le confirme.

- « Dis-moi, on a un petit point à examiner ensemble. Canal Plus vient de m'appeler car ils ont eu connaissance de ta présence via tes articles et photos que l'on publie sur le site et ils veulent te contacter.

En fait, leur journaliste, Martin Weill du "Petit Journal" et son cameraman vont se rendre dans 2 jours à Rangoon pour couvrir les élections et comme ils ont peu de temps, ils voudraient savoir s'ils peuvent te rencontrer et voir quels sont tes contacts, tes infos, etc. »

Et de poursuivre :

- « A toi de voir car tu as réussi à nouer des liens, à planifier des interviews, à obtenir des rendez-vous et je sais que ton temps est compté.
Bref, je te laisse me dire déjà si tu es OK pour que la personne qui prépare la venue logistique de l'équipe du Petit Journal te contacte. Si oui, je la rappelle dans la foulée. Et vraiment tu fais un super boulot. » conclut Pierre.

Si loin de la France, j'avoue que je n'imaginais pas qu'un média puisse s'intéresser à mon activité de reporter en herbe, diffusée sur le site web d'une association !

- « Pas de souci pour moi, tu peux leur donner mon accord, on verra bien si je peux les aider. »

La pagode Sule est désormais derrière moi et à peine ai-je amorcé la remontée de la grande et longue Maha Bandula Street que mon téléphone sonne à nouveau.

- « Bonjour, je suis Sandra de Canal Plus, je vous appelle depuis Paris ; je prépare la venue de Martin Weill sur Rangoon, l'envoyé spécial du Petit Journal. »

- « Oui, bonjour, Pierre m'avait prévenu que vous alliez me contacter. Oui bien sûr je vois qui est Martin. Qu'est-ce que je peux faire pour vous ? »

La jeune femme m'explique l'objet de son appel, me décrit son rôle consistant à faciliter le travail de Martin et de son cadreur qui arriveront le vendredi soir, soit 2 jours avant le D Day pour réaliser plusieurs reportages. Un challenge habituel, je suppose !

Sandra me demande alors si je connaîtrais un ancien militant de la NLD qui aurait été emprisonné et qui accepterait de témoigner ? Et si je pouvais intervenir auprès du parti pour trouver un tel contact ? Et si, le jour des élections, Martin pouvait suivre avec moi la candidate que j'avais rencontrée ? Cette avalanche de sollicitations me laisse pantois.

J'explique à mon interlocutrice que je suis prêt à l'aider, à rencontrer Martin, à lui indiquer quelques contacts, mais que je ne suis pas en capacité d'honorer toutes ces demandes. Tout en lui faisant comprendre que j'ai déjà largement sollicité la NLD pour mes propres besoins, je lui suggère que Martin se rende dès son arrivée à Rangoon au siège du parti, comme je l'ai fait moi-même, pour qu'il indique précisément les sujets qu'il veut couvrir.

Quant à ma candidate, elle m'avait en effet averti qu'elle avait réussi à obtenir, avec difficulté, l'autorisation du juriste pour que je la suive dans sa tournée des bureaux le jour des élections.

Alors autant dire qu'ajouter une équipe de tournage, même réduite, était voué à un échec certain.

Et la suite me donnera raison.

La grande conférence de presse

Jeudi 5 novembre 2015.

La nuit a été très courte et agitée. Des images d'Aung San Suu Kyi m'ont encore hanté à quelques heures d'une rencontre historique ! Alors à 5h45 ce matin, je suis déjà prêt, fébrile. Tout mon matériel photographique a été vérifié la veille, nettoyage des optiques, des cartes, batteries chargées ; avec mes deux boîtiers armés de leurs objectifs, un 24-70 mm et un 70-200 mm, je peux partir au combat.

A tout hasard, je me suis écrit sur un petit papier une question que j'aimerais poser durant la conférence de presse, si j'en avais l'audace. Mais je sens que je n'en aurai pas le courage. Moi, poser une question à Aung San Suu Kyi, au beau milieu d'une nuée de journalistes du monde entier, sous le feu des caméras et appareils photos, en pleine conférence de presse internationale ! Plus j'y réfléchis et plus cela me semble totalement irréaliste. Qu'importe, je vais assister à cet événement et c'est le plus important.

Je sors de l'hôtel. Le jour s'est à peine levé sur Rangoon qui semble encore un peu assoupie. Seuls quelques taxis et autres véhicules utilitaires sillonnent l'avenue principale.

Je m'engouffre dans le premier taxi qui passe. Le chauffeur de taxi n'a aucun mal à me conduire au 54 University Avenue Road. Qui ne connaît pas cette adresse si fameuse ! Il pense probablement que je veux prendre des photos de la haute grille qui protège la maison, comme beaucoup de touristes. Mais je vois dans les yeux de cet homme un certain étonnement à l'idée de me conduire à cet endroit, à une heure aussi matinale.

Notre voiture remonte la ville, toutes fenêtres ouvertes et à belle allure.

La circulation est encore agréable, fluide, calme. La vitesse m'apporte une illusoire fraîcheur, car à cette heure-là, une chaleur moite pénètre déjà dans l'habitacle, comme si l'on entrait dans un hammam. Nous venons de passer la grande pagode Shwedagon, nichée sur la colline, dominant toute la ville.

A mesure que l'on s'approche, mon taux d'adrénaline augmente. Plus que quelques centaines de mètres. Il est 6h20 et les autorités de la NLD nous ont bien spécifié d'être devant les grilles de la résidence à 7h précises.

Je me sens un peu penaud d'avoir une telle avance lorsque le taxi me dépose juste en face de la résidence d'Aung San Suu Kyi.

Mais oh surprise ! Déjà huit journalistes sont là. En réglant ma course, je constate l'étonnement de mon chauffeur ; il a compris qu'un événement particulier allait se passer et que j'en étais !

Je traverse lentement la grande artère, savourant ces instants et cette aubaine d'être bientôt au cœur de l'actualité politique du pays. Je rejoins les huit autres personnes, toutes d'origine asiatique. Un petit signe de tête nous relie. Chacun semble tout à fait conscient de l'importance du moment et de la chance d'être reçu par la Dame de Rangoon, chez elle.

A mesure que les minutes s'égrènent, le trottoir se transforme en un vaste et long corridor envahi de caméras, micros, appareils photos, valises, câbles, trépieds...

Régulièrement des taxis stoppent devant le 54, enregistrent

leur course et repartent aussi vite que venus dans les rues de Rangoon, pendant que les journalistes fraîchement débarqués prennent position, s'alignant sagement derrière leurs homologues.

A sept heures du matin, une longue file serpente sur le trottoir le long de la rue. Nous sommes maintenant près de deux cents à piétiner et il règne en cet agréable début de matinée une ambiance sage et détendue.

Après une heure d'attente, les grandes portes s'ouvrent et nous entrons enfin dans le saint des saints, un par un. Premier élément obligatoire et distinctif, l'accréditation que j'ai mise autour de mon cou, comme tous les présents. Une fois la vérification effectuée, je dois passer sous le portique de sécurité et ouvrir mon sac pour une fouille en règle. Tous les sacs sont vidés et les appareils inspectés. Le service de sécurité est sur les dents. Il ne manquerait plus qu'un attentat soit commis ici !

Ça y est, je suis passé. Je suis à l'intérieur du 54 rue de l'Université, chez Aung San Suu Kyi, dans cette maison de Rangoon où elle a passé 15 ans en résidence surveillée sous la junte auto-dissoute en 2011.

Je flotte sur un nuage d'altitude et je m'offre une vue panoramique à 360°. J'embrasse la scène avec une gourmandise joyeuse qui doit se lire sur mon visage. Je me délecte de ce moment que je savoure à grands regards. Chaque pas posé dans le jardin de la résidence s'inscrit comme une empreinte indélébile dans le grand livre de ma mémoire.

Je n'en reviens toujours pas d'être là. Imaginez qu'un de vos rêves les plus fous, les plus inimaginables se réalise ! Il me faudra des semaines pour redescendre de ce nuage.

Au centre du parc qui entoure la résidence, un immense barnum a été installé.

Une estrade est dressée et près de deux cents chaises lui font face ; au fond de cette salle en plein air, une zone surélevée est réservée aux caméras de télévision. Et derrière encore, un vaste buffet avec viennoiseries, thé, café et jus de fruits. Tout est en place. Faisant partie des premiers à pénétrer dans ce lieu symbolique, je bloque ma place en posant immédiatement mon sac photo sur une des chaises placées au premier rang, face à la scène où se tiendra bientôt la conférence de presse. Je ne pouvais rêver mieux.

L'espace se remplit progressivement. Le monde du journalisme semble s'être donné rendez-vous aujourd'hui. Les grands médias sont là, venant des USA, de Chine, de Russie, d'Europe, d'Australie, du Japon, d'Inde et bien sûr de toute l'Asie du Sud-Est, car cette conférence de presse est l'ultime étape d'une longue campagne commencée en septembre et le dernier rendez-vous officiel d'Aung San Suu Kyi avant les élections. Un moment important pour elle, pour son parti la NLD.

L'attente est longue et chacun en profite pour se faire photographier devant la célèbre maison. Le service d'ordre est tendu et dès que l'un d'entre nous s'approche un peu trop près, il est immédiatement refoulé.

Qu'à cela ne tienne, tous ceux qui sont ici mesurent leur chance d'être dans ce lieu chargé d'histoire et nous ne boudons pas notre plaisir. Alors à tour de rôle, nous nous repassons nos appareils photographiques et autres smartphones pour nous faire prendre en photo devant la résidence, à distance. Peu de journalistes se privent de cette opportunité, qu'ils aient franchi les océans ou qu'ils viennent de pays voisins.

Quant à moi, naturellement je me prête au jeu. Un journaliste me prend en photo et je le photographie à mon tour. Je ne saurai jamais de quelle nationalité il est. Mais peu importe. Une aimable complicité s'installe entre les participants, tous ravis d'être là.

Désormais, les portes de la résidence sont fermées et près de deux cents personnes garnissent progressivement les sièges. Micros, câbles, pieds, fils, envahissent la grande table où Aung San Suu Kyi va tenir sa conférence. Des journalistes jouent des coudes et c'est à qui aura la meilleure place pour poser son micro. Cet enchevêtrement anarchique provoque un certain agacement des membres de la NLD chargés du bon déroulement de cette conférence.

La tension monte d'un cran lorsqu'une voix au micro demande à tous les participants de rejoindre leurs sièges. Fébrilement, je regagne ma place au premier rang, place soigneusement préservée de toute invasion étrangère. Du côté de la NLD, ça s'agite ! Les officiels du parti prennent place à droite en contrebas de l'estrade. Je reconnais U Tin Oo, fidèle entre les fidèles, l'homme de la première heure.

Nous sommes désormais tous installés sous le grand chapiteau alors que la chaleur s'immisce progressivement et nous enveloppe d'un voile brûlant et humide.
Une grande toile rouge barre toute la scène sur laquelle on peut lire : National League for Democracy - Press Conference - Rangoon.
Chacun tente de savoir de quel côté Aung San Suu Kyi va surgir. Soudain U Tin Oo et les officiels de la NLD se lèvent comme un seul homme. Elle arrive. Elle passe juste devant moi, à quelques mètres. Frêle et déterminée, elle grimpe vivement les 3 marches qui mènent à l'estrade et s'assoit. Sur son visage, je décèle de la concentration et une certaine gravité.
Puis, quelque peu agacée, elle s'adresse à une membre du parti pour faire le ménage sur la table.

Le rempart de micros qui s'érige devant elle n'est effectivement pas du meilleur goût.

La Dame de Rangoon nous regarde et se tourne vers son attachée de presse qui doit lancer la conférence. Elle semble pressée de commencer.

- « Bienvenue à tous » dit-elle en birman. Après quelques mots prononcés dans sa langue natale, elle s'exprime en anglais pour les médias étrangers, très majoritairement présents.

- « Notre campagne se termine demain soir après deux mois intenses ; nous sommes très confiants quand nous voyons l'enthousiasme de la population à l'approche des élections de dimanche. Nous pensons que la participation à cette élection sera forte et que la NLD va faire un bon résultat. Et ce malgré les nombreuses irrégularités qui sont apparues durant la campagne électorale. Ce scrutin est loin d'être totalement libre et équitable, contrairement à la promesse du gouvernement, héritier de la dictature. Mais je le répète, nous sommes confiants. »

Quelques instants plus tard, Aung San Suu Kyi donne la parole aux journalistes pour répondre à leurs questions.

Journaliste : « Etes-vous prête à gouverner si votre parti gagne les élections dimanche ? »
Aung San Suu Kyi : « Oui, absolument! C'est ce que le peuple birman souhaite. »

Journaliste : « Mais comment ferez-vous puisque la Constitution vous empêche d'être Présidente ? »
Aung San Suu Kyi : « Je ne peux pas tout vous dévoiler, mais je dirigerai le gouvernement et nous aurons un Président qui travaillera en accord avec la Ligue Nationale pour la Démocratie. Puis dans un second temps, nous procéderons à la révision de cette Constitution écrite par la

junte militaire. Ce texte doit être entièrement révisé afin d'être digne d'une véritable démocratie, où chaque Birman quel qu'il soit et quelle que soit sa religion ou son ethnie, puisse avoir les mêmes droits. »

Journaliste : « Ne craignez-vous pas les attaques des extrémistes ? »

Aung San Suu Kyi : « Non, car nous avons dit qu'il fallait travailler à une pacification et une réconciliation nationale. »

Journaliste : « Au sujet des Rohingyas, vous semblez assez silencieuse alors qu'un génocide est en cours dans votre pays ? »

Aung San Suu Kyi : « Je pense qu'il est très important de ne pas amplifier les nombreux problèmes de ce pays. Vous savez, le pays tout entier est dans un état dramatique, pas seulement l'Etat Rakhine. »

L'histoire des Rohingyas est singulière. Employés par les britanniques lors de la première guerre entre l'empire britannique et la Birmanie au 19ème siècle, ils ont été considérés comme traîtres par les indépendantistes birmans.

Après la seconde guerre mondiale, ils soutiennent de nouveau les Anglais face aux Birmans qui ne leur pardonneront jamais cette deuxième traîtrise.

Depuis l'indépendance de la Birmanie, en 1948, les Rohingyas sont rejetés et persécutés.

Vivant dans l'Etat actuel d'Arakan, à l'ouest du pays, les 1,3 million de Rohingyas sont considérés comme non Birmans, depuis une loi datant de 1982 instaurée par la dictature qui a imposé le bouddhisme comme religion d'Etat.

La série de questions se poursuit. Aung San Suu Kyi

maîtrise ses sujets et n'élude aucune question, enfin presque. Il lui arrive parfois de répondre assez sèchement à un journaliste, par exemple lorsque celui-ci fait l'erreur de poser quasiment la même question qu'un de ses confrères ou lorsque le point soulevé lui semble sans intérêt. Dans ce cas, en une phrase courte, parfois même cinglante, Suu Kyi passe immédiatement au journaliste suivant. Personne n'a droit à l'erreur.

Alors dans ce contexte et ces échanges parfois un peu vifs, je ne trouve plus la force de prendre la parole.
« Pas envie de me faire retoquer, » me dis-je avec inquiétude.
Mais dans le même temps, je constate que la question que j'ai préparée n'a toujours pas été soulevée... Alors que faire ? Une folle envie de tenter ma chance me gagne. Les questions s'enchaînent. Les minutes filent. Je n'ai plus le temps de tergiverser. Et ma petite voix intérieure birmane revient à nouveau me rappeler à l'ordre : « va, va jusqu'au bout de ta passion, va jusqu'au bout de tes rêves, tu ne peux pas laisser passer une telle occasion de t'adresser à elle, c'est impossible ; tu le regretterais tant. »

Alors sans plus hésiter, je lève la main pour obtenir un micro. A ce moment là, je suis 4ème sur la liste des prétendants à la parole. Je répète la question plusieurs fois dans ma tête.

« Pas d'impair » me dis-je, « sois à la hauteur. »

Mon tour arrive enfin. De la main gauche moite, je tiens mon Iphone et j'ouvre la vidéo. Un moment comme cela, même si l'image bouge (et elle bougera beaucoup), ça ne se rate pas. De la main droite, je saisis fébrilement le micro que l'on vient de me tendre à l'instant.

Je me lève et décline mon identité, tout en regardant Aung San Suu Kyi dans les yeux.
Je suis face à elle. Elle me regarde. C'est moi qui m'adresse à The Lady. Moi qui, du haut de mon simple statut de photographe passionné et de représentant d'une association française, parle à cette personnalité exceptionnelle. Moi sur qui deux cents regards se portent au moment où je prends la parole, dans une conférence de presse internationale, moi qui suis en train de m'adresser à la peut-être future dirigeante de la Birmanie.

Imaginez dans quel état je suis et ce que je vis là, maintenant. C'est tout simplement fou, inouï, inconcevable, inimaginable, en un mot irréel ! Et pourtant, oui, je parle à Aung San Suu Kyi.

-« Alan Dub, I am a French photographer for a French association.... » et je poursuis en anglais en lui expliquant que les moines que j'ai rencontrés il y a deux jours - moines qui ont participé à la révolution Safran de 2007 - étaient très pessimistes, considérant que le gouvernement et les militaires avaient anticipé leur défaite et verrouillé les principaux axes de changement (Constitution, aspects juridiques, etc.).

Et j'ai la chance qu'Aung San Suu Kyi me réponde. Ouf, pas de phrase sèche, pas de « au suivant. » Non, elle me parle et voilà ce qu'elle me dit :

- « La Constitution appartient au peuple. Elle n'est ni figée, ni éternelle. Je reconnais que nous aurons à faire face à de grandes difficultés pour la modifier.
Mais si nous avons le soutien indéfectible et fort de la population, je ne vois pas pourquoi on ne pourrait pas surmonter l'ensemble de ces problèmes. »
Elle ajoute que si la LND remporte une large majorité, la loi

fondamentale sera modifiée en priorité. L'avenir montrera que son optimisme était un peu excessif.

Je me rassieds sur mon siège, les jambes légèrement en coton et ravi d'avoir eu le courage de m'adresser à la Dame de Rangoon.

La conférence se poursuit. Un journaliste français demande à prendre la parole. Il s'agit d'Alain de Chalvron, grand reporter à France 2. Il lui demande comment elle peut devenir Présidente, alors que la Constitution actuelle ne le lui permet pas.

- « Il faut d'abord que nous gagnions les élections, » sourit-elle avec malice. « Et je suis prête à diriger le gouvernement qui sera mis en place car nous avons établi un plan d'action. En fait, je serai au-dessus du Président, » conclut-elle, énigmatique et sûre d'elle.

Quelques questions plus tard, la conférence de presse se termine. Elle aura duré près d'une heure. Les participants se dirigent d'un pas soutenu vers le buffet installé pour l'occasion : boissons rafraîchissantes pour les uns, café et thé pour les autres.

J'ai un peu de mal à quitter ce lieu symbolique. Je déambule dans le petit parc de la résidence. Je savoure ces derniers moments. Aung San Suu Kyi est retournée chez elle, dans cette vieille bâtisse familiale posée sur le bord du lac Inya, le plus grand lac de Rangoon.

Une demi-heure plus tard, je me résous à quitter les lieux. Une fois dehors, je saute dans un taxi pour aller développer mes images sur ma tablette, sélectionner puis retoucher quatre à cinq photos et enfin rédiger mon article relatant les temps forts de la conférence de presse, un article que je signerai ainsi :

« Alan Dub - Reporter Photographe pour France Aung San Suu Kyi - 5 novembre 2015 - Rangoon. »

La pression retombe. Mais les questions demeurent.

Bien sûr, je me demande quels seront les résultats ce dimanche. Et surtout, quelle sera la réaction des militaires si la NLD l'emporte nettement ?

En 1990, des élections similaires avaient eu lieu et le parti d'Aung San Suu Kyi l'avait emporté haut la main. La riposte des militaires avait été immédiate : ils avaient ignoré les résultats, réprimé férocement les opposants et assigné Suu Kyi à résidence.

Tout l'avenir de la démocratie se joue donc maintenant.

Et tous les Birmans retiennent leur souffle.

Un rendez-vous à la hussarde

Vendredi 6 novembre 2015.

En ce début de matinée ensoleillée, je décide de flâner sur la terrasse de l'hôtel. Après tout, j'ai terminé tous les principaux rendez-vous prévus avant le grand jour des élections. Enfin tous, pas vraiment. Il me reste encore un projet que nous avions envisagé avec le président de l'association, c'était de tenter de rencontrer le rédacteur en chef d'un journal important, The Irrawaddy, afin de l'interviewer.

Ce journal est une référence dans le monde de la presse birmane et même internationale. D'ailleurs, le très prestigieux Washington Post ne s'y est pas trompé, en lui consacrant un très long papier quelques jours plus tôt.

Mais pour réaliser cette interview, encore faudrait-il que je puisse disposer de données utiles. En réalité, je n'ai aucun contact, aucun mail, aucun numéro de téléphone, et pour finir, je ne sais même pas où se trouve ce journal, dans une ville de plus de cinq millions d'habitants. Autant chercher une aiguille dans une meule de foin.

Qu'à cela ne tienne, continuant sur mon mode opératoire habituel, je décide d'envoyer un message à mon ami Lynn, afin de savoir s'il connaît l'adresse du journal The Irrawaddy. Quelques minutes plus tard, Lynn m'envoie l'adresse via Messenger.

Super Lynn, je ne remercierai jamais assez ce jeune

photojournaliste, hyper connecté à Facebook et d'une réactivité sans faille !

« Ma chance ne me quitte vraiment pas, » me dis-je en constatant que le journal est situé dans le bas de Rangoon, juste après la pagode Sule. Je peux donc m'y rendre à pied. Puisque personne ne m'attend là-bas, eh bien je vais y aller au culot ; et qui sait, peut-être que cette fameuse baraka va m'accompagner jusqu'au bout de cette journée ! Après une marche d'une bonne vingtaine de minutes, Sule est désormais derrière moi. Je ne dois plus être très loin du journal.

Au moment où je ralentis mon allure afin d'éviter de buter sur les pavés défoncés du trottoir, un homme surgit soudain devant moi et m'aborde sans hésitation. Il voit mon reflex muni de son objectif 24-70 mm en bandoulière et me demande tout de go si je suis là pour les élections.

J'acquiesce avec un grand sourire. Cet homme de petite taille semble ravi de me voir et de clamer franchement son soutien à la NLD. Pour lui, comme pour beaucoup de Birmans d'ailleurs, il faut que les militaires partent et laissent Aung San Suu Kyi gouverner. Ses propos sont sans ambigüité et ils confirment mes premières impressions à mon arrivée dans le pays.

Je passe un quart d'heure sur ce bout de trottoir à discuter de la situation politique avec cet homme infatigable, enthousiaste et volubile à souhait. Après tout, où je vais, personne ne m'attend et rien ne dit que ce déplacement sera pertinent.
Quelques photos plus tard, dont un selfie où nous apparaissons tous deux pleinement joyeux, je reprends à nouveau ma route.

Après cette rencontre impromptue, me voilà enfin dans la

rue indiquée par Lynn.

Mais pas facile de se repérer. Ici à Rangoon, il n'y a quasiment pas de numéro et les quelques entrées d'immeubles que je visite ne laissent en rien présager de l'existence d'un grand média.

Je parcoure la chaussée de long en large, reviens sur mes pas, piétine. Vingt bonnes minutes de recherche infructueuse ! Je désespère et me demande même si Lynn ne s'est tout bonnement pas trompé d'adresse.

Comme dans un jeu de piste, je cherche des indices, des signes qui me permettraient d'avancer dans ma recherche. Tous ces immeubles se ressemblent et leurs halls également, vieux et très mal éclairés.

Je pénètre à nouveau dans une entrée qui a attiré mon regard. Elle est en effet envahie de magazines et imprimés posés à même le sol, en vrac. Je me penche sur une des piles de journaux. Bingo, The Irrawaddy trône fièrement devant moi. En toute logique, je dois donc être dans le bon bâtiment.

La première étape de mon jeu de piste vient d'être franchie avec succès.

Le hall du rez-de-chaussée dans lequel je suis entré est lugubre et sombre. Aucune plaque indicative sur les murs. Aucune porte. Tous les bureaux semblent se situer aux étages et le seul moyen d'accès est un ascenseur d'un autre âge, situé tout au fond de la pièce.

Devant la grille du vieil ascenseur, aussi usée que l'immeuble, quelques Birmans patientent ainsi qu'un jeune occidental. L'attente est interminable et si les Birmans restent comme à l'accoutumé imperturbables et stoïques, ce n'est pas le cas des deux occidentaux. Nous échangeons un regard complice.

Après cinq bonnes minutes d'attente, la cage arrive enfin ; une des personnes tire avec force la vieille grille en fer tellement fatiguée qu'un son strident très désagréable emplit l'espace.

Nous nous engouffrons tous dans cette boîte de conserve, rouillée et bruyante. Il règne à l'intérieur de cette cage une chaleur étouffante. "Claustro" comme je suis, je ne pense qu'à une chose, je crains que l'ascenseur ne s'arrête au beau milieu de la montée et nous bloque tous ici. Je respire et croise les doigts. Je ruisselle à grosses gouttes.

Chacun appuie sur le bouton de son étage favori, sauf moi. Je ne vois aucune indication spécifiant le nom du journal. L'ascenseur entame sa longue ascension, crispante et assourdissante.

Contrarié, je me tourne alors vers la seule personne qui puisse m'aider dans cette cage infernale et lui demande, en anglais :

- « Excusez-moi, je cherche l'étage pour me rendre au journal The Irrawaddy. »

- « C'est au 8ème étage et je m'y rends moi aussi, » me répond mon jeune interlocuteur, souriant et ravi de me rendre service.

La seconde étape de mon jeu de piste est atteinte, mais le plus difficile reste à venir, car personne ne m'attend là-haut. Après des arrêts aussi longs que ceux d'un métro en station, nous arrivons enfin au 8ème et dernier étage.

- « Je dois voir le rédacteur en chef de The Irrawaddy, » dis-je à peine sorti de l'ascenseur !

- « Venez, je vous y conduis, » me répond aussitôt mon nouveau compagnon de route.

Nous empruntons le long couloir tout aussi austère que l'immeuble. Une porte anonyme nous fait face. Sur la droite, accrochée au mur, une plaque transparente mentionne le nom du journal et son logo.

Nous y sommes. Le jeune homme me précède, ouvre la solide porte et se dirige tout droit, directement dans la salle de rédaction. Six jeunes journalistes pianotent activement sur leur clavier d'ordinateur. L'ambiance est très studieuse.

Je suis toujours mon guide qui traverse la salle d'un pas rapide, avant de s'arrêter. Face à lui, le rédacteur en chef de The Irrawaddy.

- « Voilà je vous laisse, au revoir », me dit en souriant l'homme providentiel qui repart aussi vite qu'il avait traversé cette pièce. Sans lui, mon errance dans cet édifice lugubre et sans âme aurait pu durer une éternité !

Maintenant à moi de jouer et d'être convaincant. Dernière étape de mon jeu de piste, la plus décisive.

L'homme me regarde un peu surpris ; un étonnement bien légitime, après tout, j'arrive brusquement, sans rendez-vous, je pénètre au cœur de la rédaction d'un journal important, bref, comme dirait Blier dans « Les Tontons flingueurs » : « Faut reconnaître...c'est du brutal. »

Mon interlocuteur semble manifestement bien occupé. Pas étonnant, à deux jours d'un événement capital pour le pays, tout le monde journalistique est sur le pont. Derrière des lunettes cerclées de noir, le regard est franc et vif. Le visage est avenant.

- « Je suis photographe pour une association française qui soutient... »
Une fois mon pedigree à nouveau déroulé pour la énième fois depuis mon arrivée dans ce pays, j'explique au

rédacteur en chef, Kyaw Zwa Moe, que je voudrais lui poser simplement quelques questions.

- « Le problème, c'est que nous sommes pas mal sollicités, » me répond-il aimablement, « nous avons à préparer la couverture des élections et puis j'ai une interview avec une équipe de télévision américaine dans quinze minutes, alors vous savez je n'ai pas beaucoup de temps à vous consacrer, » s'excuse t-il un peu désolé.

- « Quinze minutes, c'est exactement ce qu'il me faut, » dis-je sans laisser à mon interlocuteur le temps de respirer. « Quelques questions rapides, quatre à cinq photos de vous et de votre salle de rédaction, cela me suffit et ensuite je disparais, » conclus-je avec un grand sourire désarmant.

Il n'en faut pas plus pour convaincre le rédacteur en chef de l'édition anglaise du magazine.

Nous quittons son bureau et nous dirigeons dans une petite salle attenante à la salle de rédaction. Même si son temps est très compté, il m'offre un thé que j'accepte avec plaisir. Bienveillance birmane !

Arrêté en décembre 1991 pour son rôle dans les manifestations dirigées par les étudiants, Kyaw Zwa Moe a été condamné à dix ans de prison et a passé près de huit ans dans la terrible prison d'Insein, dont la réputation a dépassé les frontières du pays.

Il s'est enfui ensuite vers la Thaïlande, comme un certain nombre de Birmans, et a installé son journal au pays de Siam pour continuer son combat journalistique contre la dictature militaire. Voilà pour les présentations. J'engage aussitôt la discussion et lui pose ma première question.

- « Votre journal, The Irrawaddy, est une référence dans le monde de la presse birmane et internationale. Le

Washington Post vous a consacré, il y a une semaine, un très long papier. Compte tenu de l'histoire de votre magazine et de votre expérience, comment voyez-vous cette élection ? »

- « Vous savez, cette élection est essentielle pour la Birmanie ! Nous avons 57 millions d'habitants et 47 000 lieux de vote sont recensés à travers tout le pays. Donc premier constat, il manque beaucoup de bureaux de vote pour que chacun puisse voter. Près de 32 millions d'habitants sont en droit de voter et vu ce contexte, je pense que plus de 50% le feront. C'est en tous les cas une très vaste et très importante élection qui va se dérouler. Nous sommes vraiment à un tournant décisif de l'histoire de notre pays ! »

- « Et comment votre rédaction s'est-elle organisée pour couvrir au mieux cette élection ? »

- « Nous avons 45 reporters, tous excellents, et nous allons essayer de faire le mieux possible pour nous répartir sur l'ensemble du pays. Mais avec 47 000 bureaux de vote, nous ne pourrons évidemment pas être partout.

Alors si l'on apprend qu'une irrégularité a lieu dans un bureau de vote, on essaiera de vérifier et nous en informerons immédiatement les observateurs indépendants présents dans tout le pays. »

- « Et vous pensez que cela suffira ? »

- « Malheureusement non ! Il faut se rendre à l'évidence. Il y a en tout 10 000 observateurs répartis sur le territoire et, comme je vous le disais, nous avons près de cinq fois plus de lieux de vote. Pour surveiller le déroulement correct de nos élections, vu le nombre de bureaux et la taille du pays, il faudrait en tout 120 000 observateurs ! Alors tout le monde va faire de son mieux et dans ce contexte le rôle des médias est prépondérant. »

- « Et si la NLD emportait les élections demain, qu'est-ce que vous en attendriez ? »

- « Selon moi, il faut que ces élections aboutissent à une réconciliation nationale. Si la NLD gagne, elle a intérêt à travailler avec toutes les parties en présence, donc les militaires. Je pense sincèrement qu'une réconciliation est indispensable et qu'il faudra travailler ensemble, non pas pour un parti et son bénéfice politique, mais pour tous les Birmans et tout le pays. C'est la condition de la réussite ! »

L'interview s'achève sur ces paroles empreintes de pragmatisme et de sagesse, à l'image de cet homme dont la bienveillance n'a pas été altérée par les nombreuses années de prison.

Je le remercie très chaleureusement, conscient de la disponibilité dont il a fait preuve à mon égard. Je prends quelques photos du journaliste assis à son bureau ainsi que quelques images de la salle de rédaction et je file.

Au moment où je franchis la porte du journal, l'équipe de télé américaine entre. Un petit salut et me voilà à nouveau devant l'ascenseur infernal, heureux d'avoir réussi mon coup.

Je viens de remporter mon jeu de piste haut la main et peux transmettre ainsi article et photos à Paris.

Tension sur la ville

Samedi 7 novembre, J-1.

« Un peu de répit, » me dis-je en absorbant mon premier café fumant de ce début de journée. Les nuages qui planent au dessus de Rangoon ne semblent guère menaçants et jouent en alternance avec le bleu du ciel. Une journée calme et agréable, telle est mon impression matinale. Ravi de ce constat optimiste, je projette une balade photographique dans les rues et marchés de Chinatown.

A peine avais-je englouti ma seconde tasse de café que mon téléphone vibre. Un SMS envoyé par ma compagne, à l'autre bout du monde, bouscule déjà ma confiance. « Rangoon est en alerte rouge et des policiers vont être déployés dans toute la ville dès le 8 novembre au matin. » Premier coup sur la tête !

Il est vrai que quelques jours avant cette date, Thein Sein le Président avait lancé un clip de propagande étrange, comme un message d'intimidation disant ne pas vouloir en venir aux « rivières de sang ayant accompagné certaines transformations vers la démocratie dans d'autres pays. » Cela m'avait surpris, mais pas inquiété.

Et même si la dernière semaine de campagne a été entachée par l'acte d'un déséquilibré qui a poignardé un candidat à la députation du parti de la NLD en pleine rue, rien ne semblait indiquer que la situation pouvait dégénérer. L'homme n'a été que blessé et, après deux journées d'hôpital, il a pu terminer son dernier jour de campagne.

Reste que le message tend à prouver que la situation n'est pas aussi stable que je le pensais.

Une question me taraude : est-ce que les partisans de Thein Sein vont tenter le coup de force et pousser l'armée à intervenir, stoppant ainsi le processus démocratique ?

Alors que penser ? Qui croire ? De l'autre côté de la planète, à 9 000 km de là, je tente de tranquilliser ma compagne, seule et passablement perturbée par ces infos qui ne la rassurent pas du tout.

Même si nous « skypons » régulièrement et même si mon optimisme semble à toute épreuve, je comprends qu'à cette distance, une telle nouvelle puisse l'effrayer.

Décidé à ne pas faire cas de cette information alarmante, je saute dans mes baskets, m'empare de mon sac photo et quitte mon hôtel pour vadrouiller à nouveau dans les rues de Chinatown.

Deux heures plus tard, sortant d'une petite gargote où j'avais dégusté un bol de nouilles bienvenu après une longue séance de prise de vues, je lève les yeux et j'aperçois un monstre au dessus de ma tête. Une épaisse couverture noire, marron et jaune avait envahi le ciel de la ville durant mon court repas, un ciel de mousson annonciateur d'un rinçage en bonne et due forme.

Je clos immédiatement le rayon flânerie et file me replier dare-dare avant que le ciel ne me tombe sur la tête. Je remonte d'un pas rapide et rythmé l'avenue qui me mène à l'hôtel.

Il me reste trente mètres à parcourir avant de bifurquer dans la petite rue qui conduit à mon abri. Les premières bombes aquatiques qui sont lâchées par le monstre me confirment que la cadence était la bonne.

Durant près de trois heures, des tonnes d'eau vont se déverser dans les artères de Rangoon et transformer certaines rues et ruelles en petites rivières.

Mon pronostic matinal était donc totalement erroné ! Alors demain, que va me réserver le ciel birman ? Et surtout, est-ce que les élections vont se dérouler normalement, sans heurts ?

A ce petit jeu de questions, je décide de ne plus participer.

Le marathon du D Day

Dimanche 8 novembre 2015 - Jour des élections.

Dire que ma nuit a été calme et paisible relève de la plaisanterie ! Fébrilité, réveil en sursaut, prises de notes au beau milieu de ma nuit de somnambule ont émaillé mes ténèbres ! Etre à l'heure de mon rendez-vous avec la candidate, bien identifier les bureaux de vote, couvrir ces élections fidèlement sous différents angles journalistiques et surtout avoir une forme de marathonien doublée d'un sens aigu de l'opportunité, voilà le challenge qui m'a occupé toute cette dernière nuit avant les élections. Quant à la sécurité, elle ne m'a pas effleuré ! J'ai la confiance d'un guerrier qui part au combat, sûr de sa victoire !

Alors à 5h30 du matin, après une douche réparatrice, je cale mon sac photo sur les épaules, garni de mes deux reflex et de mes deux optiques inséparables, un 24-70 mm et un 70-200 mm, de quoi couvrir la plupart des scènes qui m'attendent. Un dernier coup d'œil à la fenêtre de ma chambre donnant sur la ville me décroche un sourire satisfait, il ne pleut pas et il semble que le ciel soit plutôt clément.

Le jour n'est pas encore bien levé, lorsque je glisse mes premiers pas dans la rue étroite et calme de mon hôtel. A cinq mètres de moi, assis sur des petites chaises en plastique hautes comme trois pommes, quatre policiers boivent un thé devant une minuscule échoppe. Voilà une vision réjouissante.

Ils me regardent passer, plus curieux que suspicieux de voir un occidental à cette heure matinale. En tous les cas, cette scène me confirme que le déploiement des policiers dans les rues de Rangoon a bel et bien commencé !

J'accélère le pas pour rejoindre la candidate à la députation avec laquelle j'ai rendez-vous à 5h45 précises, dans son QG de Chinatown.

Quasiment aucun bruit ne sort de la cité endormie. Habituellement, même à cette heure matinale, la ville bruisse légèrement avant que les trottoirs ne s'agitent à mesure que la lumière du jour déploie progressivement ses faisceaux. Quant à la circulation, elle est inexistante. Rangoon s'est arrêtée et retient sa respiration. Ce silence est presque glaçant, inquiétant.

Pas d'hésitation cette fois-ci, je reconnais l'immeuble de la NLD avec ses drapeaux rouges aux couleurs du parti accrochés à la balustrade du troisième étage. L'escalier semble encore plus lugubre et décrépi que lors de ma première visite. J'arrive sur le palier.

Un silence de cathédrale règne ici. Pas un bruit, pas une parole. J'entre dans la pièce, étrangement vide. La chaleur est étouffante.

Pourquoi n'y a t-il personne et où est ma chère candidate ? Nous avions pourtant bel et bien rendez-vous à cette heure. La veille, j'avais soigneusement vérifié nos derniers échanges. Pas de doute, il se passe quelque chose d'anormal. Les policiers sont-ils entrés en action ? Une foule de questions se mêlent dans mon cerveau, encore embrumé par une nuit agitée.

Sans la jeune femme, la couverture des bureaux de vote dans Chinatown risque d'être plus compliquée.

Enfouie au fond de ma poche, la carte de visite du chauffeur de taxi rencontré à mon arrivée. Que faire ? L'appeler ?

Tout à coup, au fond de cette grande salle, aussi longue qu'un couloir d'hôpital, un homme apparaît et me regarde avec étonnement.

- « Que faites-vous là? » me dit-il dans un anglais plus qu'approximatif.

Sa question me désarçonne vraiment et me prouve que je ne suis effectivement pas du tout attendu !

Après quelques échanges laborieux, l'homme m'apprend que Daw Khin Moht Moht Aung a dû rejoindre de toute urgence un des bureaux de sa circonscription. Les autorités locales empêchent en effet les membres de son équipe de pénétrer dans le bureau de vote, contrairement à la loi qui l'autorise. L'ambiance est donc vraiment tendue en ces premières heures d'élections.

Que faire dans ce contexte ? La rejoindre évidemment, comme prévu, et mesurer ainsi le climat et les tensions éventuelles. Je demande alors à l'homme qui me fait face de l'appeler sur son mobile. Après avoir composé le numéro, il me passe le portable. En quelques mots, la candidate m'indique le chemin et me précise qu'elle va venir à ma rencontre. Un premier sourire se peint enfin sur mon visage. «Les choses rentrent dans l'ordre », me dis-je.

Dans la rue toujours aussi déserte, mon pas se fait précipité et vif.

Les indications pour retrouver mon contact me semblent un peu confuses, descendre l'avenue, puis prendre à gauche au niveau d'une minuscule échoppe bleue, tourner 100 mètres à droite....

Je suis un peu perdu. J'espère être dans la bonne direction.

Les minutes s'égrènent.

Soudain j'aperçois au loin la jeune femme qui se dirige vers moi, elle aussi d'un pas alerte. Elle s'excuse de m'avoir fait faux bond, tout en ajoutant que le problème d'accès au bureau a été réglé et que tout est rentré dans l'ordre. J'ai pourtant la sensation réelle que je lui cause un souci de plus en ce jour si important. Preuve, s'il en fallait, de la prévenance et de la gentillesse des Birmans.

Daw Khin Moht Moht Aung me propose de la suivre dans un bureau de vote qu'elle veut visiter, il se situe à deux pas. Arrivés au niveau d'un bâtiment gris et sans distinction aucune, la candidate me précise que je ne peux pas la suivre à l'intérieur.

Je dois donc commencer mon reportage d'une façon un peu particulière, sans possibilité d'aller plus loin !
La jeune femme semble souhaiter la discrétion avant tout.
En fait, je comprendrai dans la matinée qu'aucun étranger, même photographe, n'est autorisé à pénétrer dans un bureau de vote et qu'aucune exception n'est tolérée.
Quelques minutes plus tard, elle ressort et semble deviner ma frustration de rester ainsi éloigné.
Elle me propose alors de monter dans sa voiture et de poursuivre la tournée des bureaux de sa circonscription à bord de son véhicule.
Cette proposition me convient tout à fait, mais l'euphorie est de courte durée. En effet, à la sortie d'un autre bureau de vote qu'elle vient de visiter, la jeune femme me rejoint, l'air très contrarié.

- « Mon équipe me déconseille de poursuivre avec vous, » me dit-elle ; « elle pense que la présence d'un photographe étranger qui me suit dans mes déplacements peut être mal interprétée par les habitants de ma circonscription. »

- « Ah, dis-je un peu dépité... je comprends... je ne veux surtout pas vous poser le moindre problème. »

- « Je suis vraiment désolée... mais je vais vous aider à vous repérer dans le district... Ce n'est pas si compliqué. Devant les bureaux de vote, vous verrez de très grands et nombreux panneaux de bois posés sur les trottoirs ; ces panneaux sont constellés de feuilles collées les unes à côté des autres, ce sont les listes des noms des personnes qui peuvent voter dans le bureau. »

Saisissant un papier, Daw Khin Moht Moht Aung pose la feuille sur le capot de la voiture et commence à écrire en anglais, mais également en birman, chaque lieu et rue indiquant la présence des bureaux de sa circonscription.

- « Ainsi vous pourrez demander votre chemin aux Birmans qui vous guideront. »

Que dire à ce geste ! Un grand merci bien sûr, un regret aussi de ne pas pouvoir l'accompagner plus longtemps, mais avant tout une admiration sans borne pour cette jeune femme qui, dans ces instants essentiels, prend la peine de m'apporter son aide et de veiller à ce que je puisse continuer mon reportage. Je la remercie vivement.

Daw Khin Moht Moht Aung regagne sa voiture, ouvre la porte et s'installe à l'arrière. Le véhicule démarre lentement. Derrière la vitre, la femme me jette un regard attentionné et me salue d'un délicat et élégant signe de la main.

A toi de jouer maintenant, me dis-je en resserrant les courroies de mon sac à dos soudain bien léger. Mes deux réflex sont en effet sortis, accrochés à chaque épaule, tel un pistolero prêt à tirer au moindre geste. La ville se réveille progressivement et je croise les premières personnes qui semblent habitées d'une mission précise, celle d'aller voter.

Mais hormis ces premiers passants, un silence règne inhabituellement en ce dimanche 8 novembre.
Quelques rares voitures se risquent dans les rues, mais pour l'instant mes premières photos illustrent un Rangoon désert, sans vie !

Le document de la jeune candidate en poche, je décide de quadriller Chinatown à ma façon. L'avantage est que je connais assez bien ce district et que je vais encore mieux le connaître à la fin de la journée. Je décide donc d'emprunter une première rue, car mon instinct me dit que l'agitation que je perçois au loin semble prometteuse. Et en effet, plus je me rapproche et plus je constate qu'un premier bureau de vote est à ma portée.

Comme me l'avait précisé la jeune femme, de grands panneaux de bois gondolés et posés à même le sol semblent être le centre d'intérêt de plusieurs personnes qui tentent de trouver leurs noms sur des listes denses, interminables avec des centaines et des centaines de noms.
Pour chaque femme et chaque homme, l'épreuve commence là. Il faut trouver son nom et s'il n'y figure pas, changer de bureau, changer de rue, et recommencer à chercher son identité sur ces listes folles.
Le bureau de vote reste bien un endroit réservé aux Birmans, aucun étranger ne peut s'y rendre, sauf les observateurs des Nations Unies chargés de vérifier le bon déroulement et le respect des règles. Excepté les listes d'électeurs affichées dans les rues, un bureau de vote n'a aucun signe extérieur distinctif.
Parfois de petites barrières avec des barbelés délimitent l'espace permettant de pénétrer dans le lieu et des officiels gardent l'accès.
Des urnes transparentes de couleurs différentes se distinguent à l'entrée, chaque couleur symbolisant le type de

vote : Chambre basse, Chambre haute et régions.
Trois votes, trois tampons à mettre dans les bonnes cases pour des Birmans qui, pour beaucoup, votent pour la première fois.

Le jour est désormais levé et le soleil éclaire de sa superbe les rues de la ville. Je prends photographiquement le pouls de ce début d'élections. Ici un plan large d'une longue file de votants de plusieurs dizaines de mètres. Là un zoom sur des femmes de différentes religions qui se sourient, se parlent et attendent avec plaisir le moment de pénétrer dans le bureau. Je tente une approche par le côté, mais un des hommes qui supervise le bureau devant lequel je me trouve me fait signe de reculer.... On ne passe pas. Mais je suis têtu, et si là ça ne marche pas, cela marchera peut-être ailleurs, me dis-je.

Certains m'observent, d'autres me sourient aimablement. Je reprends ma route. Voilà un nouveau bureau de vote. Ici la foule est plus dense et chacun attend patiemment en file indienne le moment de pénétrer dans la salle. La queue est tellement longue que la rue ne suffit plus et, telle une procession, elle se poursuit dans une autre artère. La participation semble très forte, mais est-ce le cas partout dans le pays ?

Je poursuis mon quadrillage photographique. J'enchaîne trois, quatre, cinq, six bureaux en une matinée. Je suis déjà épuisé, mais enthousiaste devant cette vague ininterrompue de votants. Tout se passe dans le calme et la bonne humeur. La joie se lit sur les visages et la satisfaction du devoir accompli est désormais marquée sur les index colorés que tendent fièrement les Birmans.

Avant de sortir du bureau, les participants doivent en effet poser l'index sur une encre, afin de prouver qu'ils ont bien voté et ainsi empêcher toute fraude ou manipulation.

Il est déjà 13 heures et j'ai les jambes lourdes. Il me faut reprendre des forces. Deux boissons gazeuses glacées et un riz au poulet me requinquent.
Trente minutes plus tard, je repars sillonner les rues de Chinatown.

Chaque bureau de vote est particulier ; aucun ne se ressemble, ce qui rend encore plus difficile le repérage. Néanmoins le papier de la candidate reste au fond de ma poche, car aucune rue du district ne m'échappe et ma méthode d'identification des bureaux est désormais éprouvée.

Ici une école, là un bâtiment administratif ou, encore plus exotique, un temple chinois transformé pour l'occasion. Ce lieu me convient et je décide de m'approcher et de grimper les marches du temple. Aussitôt, un homme s'avance et me fait signe de ne pas aller plus loin. En haut des marches, je tente une nouvelle percée, mais en vain.

Soudain, un des responsables du bureau, debout au fond de la grande salle, m'aperçoit et se dirige à vive allure dans ma direction. Ai-je enfreint quelque règle ? Mais non. Tout en m'expliquant avec gentillesse qu'il est interdit de pénétrer dans ce lieu, il m'autorise à faire des photos juste à l'entrée, ce qui me permet de shooter en zoomant l'intérieur du temple avec méthode. Et je ne me prive pas !

Au fond du vaste espace, j'aperçois un homme et une femme en grande discussion avec les autorités du bureau. Le responsable me précise que ce sont deux observateurs d'origine australienne et qu'ils participent au bon déroulement des élections en visitant tous les bureaux du secteur.
Quelques instants plus tard, les deux personnages sortent et passent devant moi.

Au dos de leur gilet gris clair, la mention "Elections Observers".
Les voilà enfin ces fameux observateurs officiels. J'avais réussi à obtenir les coordonnées de deux d'entre eux, afin de réaliser une interview sur le rôle qui leur était assigné, mais tous mes appels pour les rencontrer furent vains. Tout en remerciant mon interlocuteur pour son aide précieuse, je décide de leur emboiter le pas, car ils vont me mener tout droit aux derniers bureaux qu'il me reste à couvrir. Aussitôt dit, aussitôt fait !

Avec plus d'une douzaine de bureaux visités, je pense avoir couvert la quasi totalité de la circonscription de Chinatown. J'ai surtout rempli ma besace photographique.

Des centaines de photos, toutes doublées par sécurité, illustrent fidèlement l'importance de l'événement et la forte participation des Birmans. Inutile de préciser qu'en ce milieu d'après-midi, je suis sur les rotules !
Mais la journée est loin d'être finie. Il me faut maintenant regagner ma chambre d'hôtel. La remontée de la longue rue principale est une épreuve. A l'entrée du Grand United Hotel, le gardien me regarde étrangement. Je ressemble en effet à un zombie, la moiteur de l'air conjuguée à une longue marche m'a transformé en homme grenouille hagard. Plus un espace au sec ! Il sourit et me fait un signe le pouce levé, en guise de victoire.

La douche en pays tropical est toujours un instant de félicité. Mais cette fois-ci, je dois avouer que cela surpasse tout ce que j'ai pu connaître. Une eau fraîche, délicieuse et réparatrice glisse sur mon corps endolori. Je reste de longues minutes sans bouger, soumis au déluge humide qui m'emporte et m'apaise ; je souris béatement. Il faut dire que j'ai des kilomètres dans les jambes.

Latha township est une vaste circonscription et le poids de mes reflex pèse désormais dans tout mon corps après cette « promenade » de plusieurs heures.

Je dois maintenant sélectionner des photos et écrire mon article pour ceux qui suivent les élections à 9 000 km de là. Consciencieusement penché sur ma table de travail, je prépare 6 clichés illustrant ce jour d'élections, une gageure au regard du nombre d'images stockées sur mes cartes numériques. Puis je rédige mon papier et envoie le tout par mail à Pierre. Satisfait du travail accompli, je décide de m'octroyer un instant de repos bien mérité et la bière du 9ème étage de l'hôtel est tout aussi savoureuse que la douche prise il y a une heure. Des vêtements propres et secs me redonnent de l'énergie, et il va en falloir !

Le jour s'achève et je dois maintenant rejoindre le siège de la Ligue Nationale pour la Démocratie afin d'estimer l'ambiance et les premières tendances. Héler et sauter dans un taxi devient désormais un geste familier et il n'y a plus de discussions sur le prix. L'homme comprend que je connais distance et tarif. Reste le lieu de destination, toujours compliqué à expliquer, mais pas cette fois-ci. Mon chauffeur a très bien compris où je me rendais.

Je suis désormais prêt à affronter la deuxième et peut-être plus longue partie de la journée.

Au cœur d'une foule en liesse

Impossible d'aller plus loin, nous sommes arrêtés par la foule.

Je règle la course du taxi et m'engouffre dans une marée rouge et pleine d'énergie. Les drapeaux de la NLD fleurissent et l'ambiance est joyeuse. Je suis à plus de trois cents mètres du centre névralgique et mon avancée est lente et difficile. Au loin, une musique entraînante et vive est reprise par les centaines de personnes déjà présentes.

Je n'aime pas me trouver au milieu d'une foule compacte ! Lorsque je vois cette marée humaine bloquant désormais l'accès, trottoirs et rue étant totalement congestionnés, l'anxiété me prend. L'agoraphobie est une réaction émotionnelle qui se traduit par des comportements d'évitement. C'est ce que disent les spécialistes. Et voilà que je n'ose plus avancer, que je commence à me dire que non, tout compte fait, je vais rester là et ne pas entrer dans cette masse bruyante et hostile.

L'angoisse, pas encore la panique, me saisit. Je rebrousse chemin, tout en me disant, qu'après tout, j'ai déjà pas mal de photos, que je peux rester à l'écart, que ça devrait suffire et ainsi ne pas risquer la crise d'angoisse.

Heureusement mon second moi me dit tout le contraire.
- « Vas-y voyons ; enfin, tu crois qu'un moment pareil peut se rater pour des angoisses injustifiées ? Ce qui se passe est unique et tu ne peux pas repartir, tu n'as pas fait tout ce chemin depuis ton arrivée en Birmanie pour battre en

retraite à un tel instant ! Alors vas-y, entre dans cette foule et photographie les gens, les visages, les attitudes, les comportements, la joie et l'émotion. » Convaincant, non ?

En tous les cas, je décide de revenir sur mes pas et d'entrer dans ce bain rouge et bruyant. Satisfait d'avoir combattu mon début de crise, je saisis mon appareil reflex qui crépite enfin. Je fends la foule.

Un énorme écran est dressé devant le siège de la NLD et sur la terrasse du 1er étage, quelques officiels du parti saluent les centaines de militants et sympathisants.

The Lady va t-elle venir ? La question est sur toutes les lèvres. Des morceaux de musique sont repris en cœur par l'assemblée, ivre de plaisir et certaine de sa victoire, même si, à ce moment-là, aucun résultat ni tendance ne sont connus.

La joie d'avoir voté l'emporte. J'avoue que l'ambiance, les cris, l'émotion me gagnent à mon tour. Ce moment est si intense que tout me revient soudainement en tête : ma découverte d'Aung San Suu Kyi en 1991 au moment du prix Nobel de la paix, les si longues années de souffrance et de privation de liberté du peuple birman, l'oppression, la dictature, les massacres, les révoltes matées dans le sang, et moi présent ici pour vivre un tel moment.

Mon viseur est embué, voilà que mon reflex est lui aussi saisi par l'émotion. Les Birmans pleurent et chantent en même temps. Difficile de rester insensible à ce moment de fièvre et d'ivresse, à ce moment d'Histoire.

La foule se densifie, mais je tiens bon. Le millier d'individus est probablement atteint. Je plonge dans ce remous joyeux et touchant. Tout à coup, les regard se lèvent vers la terrasse du siège du parti. U Tin Oo vient d'arriver et salue à son tour la foule en liesse. Aung San Suu Kyi ne sera visiblement pas là, mais le respect sans borne des Birmans pour U Tin Oo est bien visible, une fois encore. Le vénérable homme politique prend la parole et, même si je ne comprends pas un traître mot de ses propos, il me suffit d'entendre les cris de joie pour discerner que les premières tendances semblent favorables au parti d'Aung San Suu Kyi.

La fête bat son plein. La foule ne m'est plus hostile, mais amie !

Quelle incroyable ambiance, quelle joie indescriptible ! De nombreux médias sont venus couvrir l'événement. Ici un car TV avec son speaker juché sur le toit, face caméra. Là des reporters et des photojournalistes étrangers sillonnent la foule et comme moi tentent de saisir ces instants mémorables. A deux pas de moi, Martin Weill du Petit Journal de Canal+ fait son direct dans un brouhaha assourdissant.

La nuit avance et je ne sens plus la fatigue, galvanisé par ce chapitre d'histoire. Les heures passent...

Vers 23h00, je décide enfin de ranger mon matériel et de regagner mon hôtel, après de bons et loyaux services. Mon reflex est chargé à bloc de photos retraçant cette soirée inouïe.

Je m'extrais enfin de la foule, encore dense à cette heure tardive, pour attraper un taxi. Rien à l'horizon. Tous les véhicules ont rebroussé chemin, tant les accès sont impossibles. Alors je marche sans trop savoir dans quelle direction aller.

Le tumulte s'estompe et fait place à un silence singulier qui emplit la rue. Etrange sensation ! Puis la fatigue arrive alors, pesante et envahissante. Mon sac photo pèse une tonne. Je n'ai plus de force. Je marche encore et encore. Soudain, au loin, j'aperçois un taxi. Je m'approche avec le soulagement d'un marathonien qui franchit la ligne d'arrivée. Il est vide, aucun chauffeur. Personne aux alentours.

Je poursuis ma route. Je ne sais plus vraiment où je suis et je me demande désormais comment je vais sortir de ce no man's land. Les quelques rares lumières qui éclairaient la rue s'estompent et l'obscurité naissante renforce mon sentiment d'isolement.

Tout à coup, surgi de nulle part, un jeune homme au volant d'une voiture japonaise s'arrête et m'interpelle. Je me dirige vers cet inconnu, sans connaître les raisons de sa demande. A ses côtés, sa compagne, apparemment.

- « Où allez vous ? »

- « Je rentre à mon hôtel, loin, dans Chinatown. »

- « Venez, on vous emmène ! »

A cette heure avancée de la soirée, ce dernier épisode de la journée ne m'étonne même plus. Quoi de plus naturel qu'un jeune couple en voiture s'arrête, vous hèle et vous dépose à votre hôtel, après vingt minutes de route !

Arrivé enfin dans ma chambre, je me mets derechef à ma table de travail pour sélectionner quelques photos, puis les retoucher avant de les transmettre à Paris. Là-bas, il est encore tôt, 19 heures 30. Pour moi, il est 1 heure du matin et l'excitation de la journée ne retombe pas. Trente minutes plus tard, le sommeil m'emporte définitivement.

Un dernier jour agité

Lundi 9 novembre 2015.

Depuis la terrasse de l'hôtel, à cette heure matinale, l'air est encore agréable ; mon regard embrasse les toits de Chinatown, alors qu'au même moment une corne de brume résonne annonçant le passage d'un bateau.
D'où je suis, je peux apercevoir une partie du fleuve, sa couleur est celle de la terre birmane, un mélange de marron et de rouge. Tout est paisible, à l'abri du tumulte que l'on entend au loin venant du bas de la ville.

Je savoure ces instants, cette victoire sur moi-même, la réussite de ce projet un peu fou et la réalisation de tous mes reportages.

L'heure est désormais au farniente et à la satisfaction. Je consulte la presse étrangère du haut de ma tablette et les premiers résultats qui tombent laissent augurer un raz de marée pour le parti d'Aung San Suu Kyi.
80% de participation, voilà un chiffre qui fait rêver !

Je décide de prendre mon temps, d'envoyer quelques mails, de profiter du moment. Mais la pause est de courte durée.
Un message de Lynn me fait tressaillir : « Aung San Suu Kyi pourrait se rendre au siège de la NLD ce matin, je pars, » m'écrit-il.

Mon informateur photojournaliste vient de me transmettre LE message de la journée. Immédiatement, je descends les escaliers quatre à quatre, pénètre dans ma chambre, vérifie que tout mon matériel photo est en place.

Tel un guépard qui aperçoit sa proie, je bondis dans le premier taxi qui passe.

Vingt minutes plus tard, je règle la course, saute de la voiture et arrive en courant devant le siège du parti. Pas question de rater ce dernier rendez-vous !

Un calme apparent règne. Une poignée de militants visiblement heureux flânent tranquillement sur les trottoirs, quelques touristes photographient les lieux et achètent tee-shirts et autres objets vendus par la NLD.

De rares photographes et vidéastes marchent dans les alentours. Lynn n'est pas encore arrivé. Incroyable, aurais-je dépassé la vitesse du son ?

Au vu de la quiétude qui règne dans la rue, rien ne laisse présager que The Lady va passer. L'info est-elle bonne ?

Imperceptiblement, des signes d'agitation traduisent une certaine fébrilité à proximité des locaux du parti. Les portes claquent, s'ouvrent, se ferment et les nombreux allers et venues ne laissent plus planer le moindre doute.

Un cortège de photographes, cameramen et reporters s'agglutine progressivement devant la porte du bureau de la NLD. Pour permettre à leur leader de traverser la haie de journalistes ainsi formée, les membres du parti, chargés de gérer l'arrivée d'Aung San Suu Kyi, délimitent un passage étroit. Je ne vois toujours pas Lynn.

Les bonnes places se font de plus en plus rares. Il faut jouer des coudes. C'est à qui sera le plus hardi pour s'imposer. Une Anglaise sans gêne m'écrase les pieds pour me passer devant. Je peste et la repousse. Nous nous envoyons quelques amabilités dans la langue de Shakespeare. Il n'y a maintenant plus aucune surface de libre.

Nous sommes une bonne centaine à nous compresser dans l'espace restreint qui nous est alloué. Je suis à trois mètres de l'entrée, comprimé au milieu d'une foule compacte et échauffée. La rue est désormais bloquée pour laisser passer le convoi officiel.

Soudain, trois voitures apparaissent dans le virage. Elles se dirigent lentement vers leur point d'arrivée. Une vingtaine de membres de la NLD fait la police et canalise la foule qui se presse dans la rue.

Le convoi s'arrête enfin et des hommes de la sécurité du parti sortent rapidement des véhicules de tête et de queue ; ils prennent position tout autour de la voiture centrale.

La porte s'ouvre et Aung San Suu Kyi apparaît sous les acclamations des sympathisants et passants. Elle est radieuse.
Pas d'erreur, elle sait qu'elle a enfin gagné la partie !

Elle traverse la foule, habillée d'un magnifique longyi, une orchidée dans les cheveux. Elegance et raffinement, me dis-je en la voyant, tout en tentant de cadrer et de shooter au milieu d'une bousculade indescriptible et de cris multiples.

La foule chavire sous la cohue et je n'échappe pas au mouvement. Impossible de cadrer mes photos alors qu'elle est à un mètre de mon objectif, je fulmine, elle passe. Je réussis une photo de près, mais de profil. Heureusement qu'elle est reconnaissable entre toutes. Elle s'engouffre dans les locaux et disparaît.

Quelques minutes plus tard, sur la terrasse de l'immeuble, le fidèle U Tin Oo se tient aux côtés d'Aung San Suu Kyi et d'autres membres éminents de la Ligue Nationale pour la Démocratie, tous arborant de fiers sourires. Elle s'adresse à son peuple dans sa langue natale. Aux journalistes étrangers de se faire traduire le message délivré.

Quant à moi, muni de mon 70-200 mm, je shoote à tout va ! Ma position en contrebas me permet de capturer aisément ces images historiques.

Aung San Suu Kyi rayonne et sa joie en dit probablement long sur l'ampleur de la victoire. L'intervention dure un quart d'heure tout au plus. Le discours achevé, elle rejoint le rez-de-chaussée, puis traverse à nouveau la foule, toujours protégée par le service d'ordre de la NLD et regagne sa voiture, le tout dans une bousculade et une cohue encore plus excessives qu'à son arrivée. Dur métier que celui de photographe !

La rue reprend rapidement son rythme naturel et le souffle est retombé. Le raz de marée médiatique s'évanouit.

J'essaie d'échanger avec des locaux afin de connaître les grandes lignes du discours prononcé par la leader de l'opposition birmane.

Pas de chance, les quelques personnes que je croise ne comprennent pas bien l'anglais.

Après tout, me dis-je, j'ai les photos qui immortalisent ce moment.

A quelques mètres de moi, je distingue Alain de Chalvron que j'avais aperçu lors de la conférence de presse.

Le grand reporter de France 2 est apparemment seul, lui aussi. Je décide d'aller à sa rencontre.

- « Bonjour, est-ce que vous avez pu vous faire traduire le discours d'Aung San Suu Kyi ? »

- « Non, malheureusement mon traducteur n'est pas arrivé à temps, » me répond-il navré.

Tout en baissant le regard vers mon appareil reflex en

bandoulière :

- « Vous avez un super appareil ! »

- « Oui, merci, c'est effectivement une belle mécanique, c'est un Canon 5D Mark III. »

-« Ah oui je connais, on m'a dit que c'était un appareil très performant, » me dit-il très intéressé.

J'acquiesce immédiatement, flatté de sa remarque et ravi de cette conversation naissante. On parle un peu technique, puis il me demande :

- « Vous êtes journaliste je suppose, pour quel média travaillez-vous ? »

- « En fait non, pas vraiment, je suis bénévole pour une association française qui soutient Aung San Suu Kyi et son combat pour la démocratie ; je couvre les élections, j'effectue des reportages photos et je rédige des articles, ce qui permet à l'association d'informer ses lecteurs en France au jour le jour. »

Alain de Chalvron semble séduit par ma démarche et nous conversons aimablement quelques minutes dans la rue.

Je lui explique que je m'intéresse à l'histoire de la Birmanie et à Aung San Suu Kyi depuis de longues années et que je ne pouvais pas rater un tel événement.
Il me comprend et semble vouer, comme moi, une admiration non feinte à la Dame de Rangoon.
Nos avis convergent sur cette femme admirable, mais aussi sur l'évolution politique du pays et les difficultés qui sont face à elle.

Nous discutons encore quelques minutes avant de nous séparer.

Je choisis de regagner mon hôtel pour le dernier envoi, la dernière sélection de photos, le dernier article.

Quant à ma dernière soirée, je décide de la passer chez mes amies françaises, Anne-Cécile et Natacha.

Une soirée de fête

20h. Mon chauffeur de taxi me dépose chez Alamanda Inn. Loin du tumulte de Chinatown, ce quartier offre calme et sérénité et ce n'est pas pour me déplaire après ces journées harassantes !

En ce début de soirée, la chaleur humide s'apaise enfin. Je pénètre dans la vaste salle du restaurant, ouverte et aérée, pour rejoindre Anne-Cécile et Natacha qui papotent autour d'un verre. Je m'empresse de leur raconter mes dernières aventures photographiques et journalistiques.

Alors que la discussion s'anime autour d'une Myanmar Beer fraîche et relaxante, Anne-Cécile m'indique que la personne à la table juste derrière moi n'est autre que Bruno Philip, leur ami, grand reporter, correspondant du journal Le Monde.

Basé à Bangkok, il couvre toute l'Asie du Sud-Est. C'est en quelque sorte un vétéran du continent asiatique, ayant vécu en Inde et en Chine.

- « Tu sais, c'est lui dont je t'avais parlé, lui qui était en Chine et qui cherchait des infos avant d'arriver à Rangoon ».

A peine avait-elle fini sa phrase, entre à son tour, à ma grande surprise, Alain de Chalvron qui rejoint son confrère Bruno Philip, tout en nous saluant au passage.

Il règne en ce soir particulier comme une ambiance de fête. Je me délecte au sein de cette atmosphère journalistique et électrique.

Les discussions vont bon train. D'une table à l'autre, on parle des élections, des premières tendances favorables, de la réaction de l'armée, de la rue et surtout de la suite. Nous savons tous que les résultats ne seront officiels que dans quelques jours.

Bruno Philip nous indique qu'au QG de la NLD il règne une atmosphère tout aussi folle que la veille. Nous décidons tous d'y aller, d'ici quelques verres.

Le temps s'écoule inexorablement et personne ne bouge. La fatigue de la veille se fait sentir et nous sommes tous si bien dans ce cadre reposant à siroter nos boissons fraîches que rien ne se passe. Une bonne heure plus tard, Alain de Chalvron se lève et nous indique qu'il regagne en fait son hôtel. L'affaire est pliée.

Et moi, vais-je retourner au siège du parti, pour plonger à nouveau dans cette foule joyeuse, comme au soir du 8 novembre ? J'ai fait le plein d'images cette soirée-là et je ne vois plus très bien ce que je pourrais photographier de neuf. Mais j'hésite. Le plaisir d'aller shooter encore quelques dizaines de photos me démange. Après tout, dans quelques heures, cette aventure sera terminée.

C'est alors que Bruno Philip nous rejoint à la table. L'homme a manifestement ses habitudes chez Alamanda Inn. C'est, en quelque sorte, son quartier général. Et nous voilà repartis dans de nouvelles discussions. Nous parlons géopolitique, de son chat gardé là-bas à Paris, de vin, et bien sûr des élections.

Il me montre une des photos que vient de publier le New York Times illustrant de belle manière l'ambiance d'hier.

Je lui montre à mon tour la photo que je juge la meilleure de ma folle journée du 8 novembre.

Il en convient volontiers et l'estime tout aussi bonne que

celle du Times. Inutile de dire que mon ego vient de grimper en flèche sur l'échelle de la célébrité et ne veut plus en redescendre. Je le laisse sur le dernier barreau, « c'est pas tous les jours, » me dis-je !

Plus nous parlons et plus s'éloigne l'idée de rejoindre les militants et sympathisants qui font la fête à quelques quartiers de là.

La soirée s'achève et la fatigue me gagne lentement. Si le reporter du Monde a sa chambre qui l'attend sagement ici, ce n'est malheureusement pas mon cas.

Il me faut une bonne trentaine de minutes pour rejoindre mon hôtel. Je salue tout le monde, j'embrasse chaleureusement mes amies françaises, encore une fois ravi de cette soirée pleine de surprises et je file.

Le départ

Mardi 10 novembre 2015.

Dans le taxi qui m'emporte vers l'aéroport de Rangoon, une certaine nostalgie m'envahit. L'adrénaline de ces derniers jours n'est pas retombée. Shooté durant douze jours, je sens que le sevrage va être difficile.

Bloqué dans les embouteillages, désormais récurrents de Rangoon, je suis comme dans un rêve. Ai-je vraiment vécu tout cela ? S'il n'y avait pas ce bon millier de photos traçant de façon indélébile cette aventure, j'en douterais.

Dans ma tête, reviennent un à un les événements marquants de ces douze jours :

- J'ai rencontré au forceps le numéro deux du parti d'Aung San Suu Kyi, U Tin Oo, fidèle compagnon de la Dame de Rangoon et obtenu des informations utiles et précieuses pour la suite de mon projet.

- Grâce à Snow, "mon rubis birman", j'ai pu bénéficier d'informations essentielles pour la réalisation de mes reportages et d'une aide précieuse tout au long de cette campagne.

- Avec l'aide de ce jeune photojournaliste birman que je ne connaissais pas avant mon arrivée à Rangoon, j'ai pu suivre en compagnie des médias du monde entier le dernier et plus grand meeting d'Aung San Suu Kyi, quelques jours avant les élections.

- J'ai obtenu mon accréditation à force de ténacité, sans carte de presse, pour assister à la grande conférence de presse internationale donnée par Aung San Suu Kyi, le 5 novembre, en sa célèbre résidence.
Au milieu de deux cents journalistes internationaux, j'ai pris la parole pour lui poser ma question et elle y a répondu.

- J'ai réussi à suivre une candidate députée dans sa circonscription durant sa dernière semaine de campagne de porte à porte. Le 8 novembre, jour des élections, j'ai pu l'accompagner un temps, avant de couvrir la plupart des bureaux de vote du district de Chinatown.

- J'ai lié connaissance et interviewé deux moines leaders des révolutions passées, dont la révolution Safran.

- J'ai obtenu, au débotté, une interview exclusive avec le rédacteur en chef de l'édition anglaise du journal The Irrawaddy, un des plus grands quotidiens du pays.

- J'ai échangé avec de grands reporters français, comme Alain de Chalvron ou encore Bruno Philip.

- Et enfin, grâce encore à mon photojournaliste birman, Lynn, la veille de mon départ le 9 novembre au matin, j'assistais à l'arrivée d'Aung San Suu Kyi au siège de son parti, souriante et radieuse devant une grande victoire qui se dessinait distinctement.

Non, tout cela n'a pas été un rêve, mais des aventures incroyables que j'ai vécues intensément.

FIN

« Fais de ta vie un rêve et d'un rêve une réalité. »
Antoine de Saint Exupéry

Cinq années plus tard...

2020. Cinq années de mandat sont passées au moment où j'écris ces dernières lignes. Ont-elles été à la hauteur de l'espoir incommensurable qui a surgi lors de ces élections ?

Dès le début de son mandat, Daw Aung San Suu Kyi avait fait de la réforme constitutionnelle l'une de ses priorités. L'objectif à terme était que l'armée se retire du champ politique et rentre dans ses casernes. Elle espérait beaucoup dans le travail d'un avocat constitutionnaliste musulman, spécialiste de la Constitution birmane, U Ko Ni.

Mais le 29 janvier 2017, U Ko Ni, cheville ouvrière de la réforme constitutionnelle qui se préparait, sera assassiné à Rangoon. Les principaux accusés seront tous d'anciens membres de l'armée.

Le changement tant attendu au niveau politique n'aura donc pas eu lieu. Les deux moines que j'avais rencontrés en 2015 avaient vu juste et leur méfiance envers les militaires était grandement justifiée. La Constitution de 2008 demeure encore à ce jour. Elle confère une place centrale à l'armée. C'est toujours le chef d'état-major des armées qui nomme les Ministres de la défense, de l'intérieur et des affaires frontalières. La loi fondamentale étant verrouillée, la NLD n'aura pas réussi à faire bouger les positions de l'armée. Tout amendement nécessite toujours plus de 75 % des votes de l'Assemblée Nationale et l'armée, avec ses 25 % de sièges acquis constitutionnellement, dispose d'un droit de veto stratégique. Par conséquent, la NLD aura eu beau détenir la majorité absolue au Parlement et l'essentiel des ministères, elle ne contrôle pas les leviers politiques majeurs.

Empêchée par la Constitution, Aung San Suu Kyi, pourtant fille du Général Aung San, l'un des pères de l'indépendance, ne sera jamais présidente de son pays. En effet, quiconque a eu des enfants de nationalité étrangère ne peut briguer la fonction suprême. Cette subtilité du texte constitutionnel n'est pas un hasard, les militaires avaient bien anticipé une telle situation.

Malgré cela, la nouvelle Assemblée Nationale a élu son président (il y en aura deux en cinq ans) et Daw Aung San Suu Kyi a été nommée Ministre des affaires étrangères et surtout Conseillère d'Etat, une fonction non prévue par les textes, mais qu'elle avait conçue comme « au-dessus du président ».

La NLD avait promis des réformes économiques et sociales. Sur ce plan sociétal, le gouvernement pouvait espérer réussir, étant donné que l'armée n'avait guère de rôle sur ces dossiers.

Le programme de 2015 était assez vague : « Time for change ». Les ministres, souvent d'anciens opposants et ex-prisonniers politiques vieillissants, n'avaient jamais exercé le pouvoir.

Résultat : la modernisation de l'administration tant attendue a peiné à surgir et les procédures et la bureaucratie n'ont pas disparu.

Certains ont dénoncé l'autoritarisme d'Aung San Suu Kyi sur les affaires de l'Etat et sa méthode pour gouverner, jugée précipitée et parfois même brutale.

Deux exemples illustrent cette approche.

Le festival de l'eau (Thingyan) est l'une des dates marquantes de l'année, tous les ans à la mi-avril. Pour beaucoup de Birmans en effet, ces dix jours fériés sont l'unique occasion de rendre visite à leur famille. Un mois avant, le gouvernement annonçait que la durée des congés serait divisée par deux. Cette décision soudaine suscita une telle opposition que le gouvernement renonça.

Le second exemple concerne l'achèvement du pont qui enjambe le fleuve Salouen, situé à l'est du pays dans l'Etat Môn. La population réclamait de lui donner un nom local. Mais la NLD lui préférait celui du Général Aung San (père d'Aung San Suu Kyi). Malgré des manifestations énormes dans tout l'Etat, le gouvernement força la décision. La sanction politique fut immédiate. Au printemps 2017, la NLD perdit son siège aux élections législatives organisées dans l'Etat Môn et c'est l'ancien parti au pouvoir, émanation de l'armée, qui l'emporta.

Il serait bien sûr injuste de ne pas citer les efforts et décisions encourageantes prises par la NLD : lutte contre la corruption et le blanchiment d'argent, privatisation d'entreprises étatiques déficitaires, remise en marche du système fiscal. Toutes ces mesures et d'autres ont amélioré la situation du pays et vont dans le bon sens.

Enfin, la résolution des nombreux conflits politico-ethniques faisait partie des priorités de la NLD. Mais là encore, l'armée aura tout fait pour saboter ce processus. Malgré les efforts de la Conseillère d'Etat pour obtenir quelques cessez-le-feu avec des guérillas affaiblies, les combats se sont poursuivis dans certains Etats, comme les Etats Kachin, Shan et en Arakan. Cette impasse viendra souligner l'impuissance d'un gouvernement captif de la Tatmadaw (forces armées birmanes).

Une terrible illustration du pouvoir de l'armée concerne la crise des Rohingyas qui aura grandement écorné la stature internationale d'Aung San Suu Kyi, « icône fracassée » comme l'a titré Bruno Philip dans son dernier livre sur le sujet.

La question des Rohingyas ne date pas d'aujourd'hui. Ce peuple est considéré par les Nations Unies comme la communauté apatride la plus persécutée au monde, notamment depuis qu'une loi promulguée en 1982, quand la junte militaire était au pouvoir, les a privés de nationalité birmane et a ainsi légalisé les discriminations.

Sans trop remonter dans le temps, l'année 2012 avait déjà vu les violences inter-ethniques se développer. Les Rakhines bouddhistes alliés aux forces de sécurité s'étaient livrés à des exactions à l'égard des Rohingyas et des Rakhines musulmans.

Avant 2017, le nombre de Rohingyas présents en Arakan – l'État birman à la frontière avec le Bangladesh où sont installés les Rohingyas depuis plusieurs siècles – était estimé à 1,3 million, un autre million étant en exil.

Fin août 2017, après que des postes frontières dans l'Arakan aient été attaqués par l'Armée du salut des Rohingyas de l'Arakan (ARSA), un groupe rebelle armé musulman considéré comme terroriste par le gouvernement birman, l'armée lança une véritable politique de la terreur et de la terre brûlée dans cette région.

Une fuite massive s'ensuivie et, à ce jour, on estime à près de 700 000 le nombre de Rohingyas à avoir franchi la frontière pour venir se réfugier au Bangladesh, afin de fuir les violentes persécutions commises par l'armée birmane.

De grandes instances internationales ont déploré qu'Aung San Suu Kyi n'ait pas utilisé sa position de chef de gouvernement ni son autorité morale pour empêcher les violences. Elles ont considéré cette posture comme étant un soutien implicite à l'armée. Plusieurs raisons peuvent expliquer l'attitude de la leader birmane.

Nationaliste et fervente bouddhiste, elle veut poursuivre vaille que vaille son rêve de réconciliation nationale, initié par son père, véritable héros national de l'indépendance, pour bâtir une nation unie. Avec plus de 135 ethnies, le pays est une véritable mosaïque et le sort, certes dramatique, des Rohingyas, n'est donc malheureusement pas une priorité pour elle. On peut imaginer qu'elle redoute qu'accorder une importance particulière à cette minorité ethnique musulmane, qui plus est très impopulaire auprès d'une opinion publique birmane nationaliste et en grande majorité bouddhiste, ne nuise au final à son projet de réconciliation.

On a aussi négligé les difficultés de la Conseillère d'Etat face à l'armée. Il convient de ne jamais oublier que l'homme le plus puissant de Birmanie est le chef de l'armée, Min Aung Hlaing, et que l'armée n'a aucun compte à rendre au pouvoir civil et encore moins à l'extérieur de la Birmanie. Le projet de réconciliation nationale voulu par Aung San Suu Kyi implique de réformer la loi de 1982 sur la citoyenneté et, sans le soutien de l'armée, c'est constitutionnellement impossible. Elle doit donc trouver des compromis.

Condamner publiquement les opérations militaires en cours en Arakan, comme le demandaient les gouvernements occidentaux, mettait en péril ce projet de réconciliation nationale auquel elle tient tant.

Cette grave crise a illustré de façon criante, s'il le fallait, les limites du pouvoir d'Aung San Suu Kyi face aux militaires. Pour autant, elle n'est pas restée les bras croisés. Elle a rencontré et dialogué en Arakan avec des chefs religieux musulmans. Elle a aussi mis en place une commission consultative de l'Etat de Rakhine (autre nom donné à l'Arakan). Présidée par Kofi Annan, ancien Secrétaire Général des Nations Unies, cette instance devait proposer des mesures concrètes pour mettre fin aux violences intercommunautaires entre musulmans et bouddhistes, et ainsi nourrir le projet de réconciliation nationale.

Mais en lançant des attaques contre trente postes de police le 25 août 2017, le leader de l'Armée du salut des Rohingyas de l'Arakan ruinait les efforts de paix de Kofi Annan au Myanmar et poussait ainsi à la faute les forces armées birmanes qui commirent atrocités et violences impardonnables.

En 2019, la Birmanie était poursuivie devant la Cour Internationale de Justice de la Haye pour génocide contre sa minorité musulmane. Aung San Suu Kyi décidait d'aller plaider la cause de son pays. Durant son exposé d'environ quarante minutes, elle admit un usage disproportionné de la force, reconnaissant les fautes et dérives perpétrées par la Tatmadaw, tout en rappelant que la justice militaire devrait faire son travail. Quand on connait le contexte politique local, c'est une critique explicite envers l'armée. Mais la Conseillère d'Etat réfuta le terme de génocide, estimant qu'il n'y avait pas d'intention planifiée. Elle exprima néanmoins publiquement de l'empathie pour ces populations musulmanes, pour la souffrance de ces victimes innocentes.

Mais le mal était fait, l'icône de la paix venait de descendre du piédestal sur lequel l'occident l'avait posée.

Erigée en véritable apôtre de la non-violence et de la défense des droits de l'homme lorsqu'elle était privée de liberté et assignée à résidence par la junte, Aung San Suu Kyi a indéniablement déçu l'occident. Elle qui avait réussi à s'opposer aux militaires de son pays, ce qui n'est pas rien, s'est fracassée sur l'autel de la realpolitik en défendant la nation birmane et indirectement l'armée. Quant à ces mêmes militaires, nul doute qu'ils sont ravis de voir celle qui les a affrontés durant des années chanceler enfin !

Et mon opinion dans tout cela ? Oui, comme beaucoup d'occidentaux, j'ai été surpris de son silence durant cette crise des Rohingyas et bien sûr déçu qu'elle ne se manifeste pas, face à ce que certains appellent un génocide, expression qu'elle n'a pas retenue.

Mais malgré ce contexte, mon soutien à Aung San Suu Kyi ne s'est pas tari. Peut-être parce que je connaissais le dessous des cartes et que, comme me l'avait affirmé le rédacteur en chef de The Irrawaddy, la réconciliation entre l'armée et la NLD était la condition de survie du pays.

J'ai toujours pensé que cette femme, capable de résister aussi longtemps aux épreuves et à l'adversité, était dotée d'un caractère trempé et d'une détermination sans faille pour atteindre ses objectifs. Arrivée au pouvoir après tant d'années de lutte et dans un contexte où l'armée est toute puissante, elle savait pertinemment qu'elle serait obligée de faire des compromis très difficiles.

Je savais aussi que l'armée n'hésiterait pas, par ses actions irresponsables, à la mettre en difficulté. Et c'est ce qu'elle fit avec la crise des Rohingyas. Une prise de position de la leader birmane décriant les agissements de l'armée aurait, certes, contenté l'occident qui aurait applaudi, mais cela n'aurait rien changé à la situation des Rohingyas ; les militaires omnipotents auraient continué leurs exactions et seraient rentrés en conflit direct avec Aung San Suu Kyi.

Qu'en aurait-il été alors de cette démocratie si fragile ? Le risque d'un retour des militaires au pouvoir n'est jamais à exclure en Birmanie. Quant à la population, nationaliste et bouddhiste, elle n'aurait certainement pas compris l'attitude de leur leader.

De facto, la Dame de Rangoon aurait été affaiblie, et sans le soutien de la population, elle n'aurait plus eu la légitimité d'agir face à des militaires devenus soudain encore plus puissants.

Aung San Suu Kyi tient sa légitimité et sa force du peuple. Sans lui, elle n'est plus rien. C'était le prix à payer. Elle garde le soutien indéfectible de la population, mais elle a sacrifié son image d'icône de la paix au niveau international.

A moins d'une modification du calendrier électoral, en novembre 2020 c'est le nouveau grand rendez-vous politique, les élections législatives, cinq ans après la belle victoire de 2015.

Une nouvelle ère s'ouvre et aussi une nouvelle incertitude. Les attentes restent fortes, les relations avec l'armée toujours aussi difficiles et le pays bien fragile au regard des guerres et tensions ethniques qui ne cessent pas.

Le risque d'un paysage politique morcelé et instable est bien présent.

En 2020, la Dame de Rangoon a 75 ans et personne ne voit de successeur à l'horizon.

Ma Birmanie reste donc terriblement fragile.

Remerciements à :

- Karine, enquêtrice du verbe, pour son aide précieuse
- Pierre, pour sa collaboration active et ses actions militantes
- Alain, pour sa préface
- Patrice, pour ses conseils avisés

Table des matières

7	Préface
11	Entrée en matière
15	Une rencontre prémonitoire
19	Les préparatifs
23	Le contexte politique
25	En vol
27	Les premiers pas
31	Une arrivée en fanfare
35	Premiers contacts
39	La deuxième rencontre
43	Neige à Rangoon
47	Ma rencontre avec Lynn
51	Le grand meeting
61	Ashin, le moine révolté
71	La jeune candidate
79	Le Graal
85	Quand un média s'en mêle
91	La grande conférence de presse

103	Un rendez-vous à la hussarde
111	Tension sur la ville
115	Le marathon du D-Day
125	Au cœur d'une foule en liesse
129	Un dernier jour agité
135	Une soirée de fête
139	Le départ
141	Cinq années plus tard

© 2020, Alan Dub

Édition : BoD – Books on Demand,
12/14 rond-point des Champs-Élysées, 75008 Paris.
Impression : BoD - Books on Demand, Norderstedt, Allemagne ».

ISBN : 9782322206957

Dépôt légal : mars 2020